# 天天爆单

## 手把手教你直播带货

马俪榕 ◎ 著

中国商业出版社

图书在版编目（CIP）数据

天天爆单：手把手教你直播带货 / 马俪榕著. 
北京：中国商业出版社，2024. 9. -- ISBN 978-7-5208-3132-1

Ⅰ. F713.365.2

中国国家版本馆 CIP 数据核字第 2024RJ0238 号

责任编辑：杨善红

策划编辑：刘万庆

中国商业出版社出版发行
（www.zgsycb.com  100053  北京广安门内报国寺 1 号）
总编室：010-63180647　编辑室：010-83118925
发行部：010-83120835/8286
新华书店经销
香河县宏润印刷有限公司印刷

\*

710 毫米 ×1000 毫米　16 开　13.5 印张　160 千字
2024 年 9 月第 1 版　2024 年 9 月第 1 次印刷
定价：68.00 元

\*\*\*\*

（如有印装质量问题可更换）

# 前言

直播这一形式始于 2005 年，在 2G 网络时代背景下，其影响尚属小众，主要聚焦于游戏领域。然而，随着 4G 网络的普及和迅猛发展，直播在 2015 年迎来了"起飞"阶段，众多知名的直播平台如斗鱼、虎牙、映客等在此期间崭露头角。直播内容初期主要涵盖游戏、娱乐、生活等方面。而直播带货这一新型商业模式，确切地说，则是在 2016 年才开始出现并逐渐受到人们关注的，众多头部主播亦是在此时期加入直播带货行列的。

2020 年以后，直播带货行业得以迅速崛起并蓬勃发展。人们对直播带货这种销售方式的喜爱，促使其在疫情过后迎来了爆发式增长，其间涌现出了众多知名头部主播。

尽管当前直播行业正处于蓬勃发展的黄金期，但直播带货市场正呈现出某种程度的"降温"现象也是不争的事实。具体而言，部分知名头部主播因各种原因选择离开直播平台，而公众对主播的直播要求亦日趋严格。鉴于当前的行业态势，我们不禁要问，对于新入行或即将进入该领域的主播而言，是否仍有在直播带货市场获得经济回报的机会？

我们观察到头部主播的"隐退"现象，同时也见证了大量中部主播的迅猛成长，然而对于新入行的主播，我们也同样看到了他们所面临的挑战和困难，主要有：首先，直播带货行业正处在由爆发期向稳定期过渡的关键阶段，这一时期犹如大浪淘沙，主播若缺乏核心竞争力，则极易在激烈的市场竞争中被淘汰。其次，消费者的选择标准日趋严格，对主播的"宽容度"有所下降，对直播带货间的商品更为"挑剔"。因此，新入行主播的道路注定不会平坦。

基于以上两点，新入行的主播一定要掌握一些与直播相关的知识，才能更好地在直播带货的红海中拼搏。而本书就是要帮助新入行、想入行的新主播们全方位了解直播带货这个行业。

本书详尽地阐述了直播带货的各个环节，包括直播团队的构建、直播前的充分准备、直播商品的挑选，以及直播带货过程中的禁忌。同时，本书还深入探讨了如何有效吸引受众和提升直播间人气，以及如何通过详尽的数据分析来优化直播效果。阅读本书，您将能够了解直播带货的各个方面，为您在这一领域的深入发展奠定坚实的基础。

毛姆曾说过："人生之途，处处皆为起点，无论何时启程，皆不为迟。"鉴于当前直播带货行业蓬勃发展之态势，所有想从事这一行业的人都应当迅速响应，全心全意地踏上直播带货的学习和实践之旅，并在这个过程中积累起宝贵的经验与财富。

# 目 录

## 第一章　直播电商：现状与"爆款"未来

第一节　直播电商风云录：现状大盘点　　　　　　　　　2
第二节　直播带货"热度爆表"：火爆原因分析　　　　　4
第三节　直播电商"燃爆"原理解析　　　　　　　　　　7
第四节　主播"小透明"如何逆袭未来　　　　　　　　　11

## 第二章　直播大秀：开播前的全攻略

第一节　直播人设打造：我是谁？我在哪　　　　　　　16
第二节　直播选品秘籍：选货有术，爆品我有　　　　　18
第三节　直播场地探秘：打造专属直播间　　　　　　　21
第四节　直播硬件装备清单：玩转直播不再难　　　　　23

## 第三章　直播天团：角色与职能大解密

第一节　直播之星：主播的职责与魅力　　　　　　　　28
第二节　幕后英雄：团队角色深度解析　　　　　　　　35
第三节　主流直播平台，你 pick 哪一个　　　　　　　37

## 第四章　直播避坑宝典：雷区勿踏

第一节　直播操作手册：规范操作，拒绝"翻车"　　　44

第二节　抖音直播"老司机"指南　　　　　　　　　　48
第三节　直播细节控：不可忽视的运营小贴士　　　　51

## 第五章　直播带货：从0到1的全链路秘籍

第一节　揭秘篇：电商直播，你了解多少　　　　　　58
第二节　选品篇：选品策略，决胜千里的关键　　　　63
第三节　布局篇：产品布局，打造完美直播生态　　　66
第四节　团队篇：超强团队，携手并进的力量　　　　68
第五节　脚本篇：三段式脚本，带货的魔法武器　　　70
第六节　疑难篇：直播挑战，我们如何迎难而上　　　74

## 第六章　爆款文案：从小白到大师的成长之路

第一节　写作篇：文案方法论，打造吸引人的第一印象　78
第二节　吸睛篇：怎样让用户一秒爱上你的视频　　　81
第三节　黏性篇：让用户欲罢不能的文案秘诀　　　　84
第四节　点赞篇：戳中用户痛点，让他们忍不住点赞　88
第五节　关注篇：文案魅力无穷，让用户主动关注你　90

## 第七章　人气狂飙：直播间流量爆发秘籍

第一节　流量密码：免费流量的秘密通道　　　　　　96
第二节　投资有道：付费流量，高效引流　　　　　　97
第三节　热度升级：直播间加热，让热度持续上升　　99
第四节　打榜战术：冲上热门，成为带货王　　　　　101
第五节　巨量引擎：解锁流量新境界　　　　　　　　104

## 第八章　直播带货：选品"黑科技"，助你带货飞起

第一节　精准画像，定价有理有据　　　　　　108

第二节　选品秘籍，电商直播新风尚　　　　　　111

第三节　选品路径，跟着攻略走　　　　　　　　114

第四节　个人特色选品，轻松驾驭爆款　　　　　115

第五节　定价套路与套餐组合，玩转直播间　　　117

第六节　线上线下联动，直播带飞门店客流　　　120

第七节　超级主播秘籍：选品背后的策略　　　　122

## 第九章　高转化直播话术：让你聊着天就把货带了

第一节　话术魔法，转化飙升的秘诀　　　　　　126

第二节　"三板斧"话术，轻松驾驭直播间　　　　128

## 第十章　转化率提升大法：直播带货更上一层楼

第一节　主播助理：直播间的得力助手　　　　　136

第二节　助理大揭秘：多种工作类型全解析　　　137

第三节　主播缺席？助理来补位　　　　　　　　139

第四节　秒杀技巧：主播与助理的绝妙配合　　　141

## 第十一章　直播带货秘籍：爆款打造与网红风范

第一节　预热视频炸裂全场，点燃购物欲望　　　144

第二节　直播间封面+标题，吸睛大法揭秘　　　146

第三节　脚本之王，直播带货的命脉　　　　　　148

第四节　直播流程大解密，爆款从此诞生　　　　157

第五节　货品组合玩转潮流，网红标配　　　　　159

第六节　话术大师教你玩转直播间　　　　　　　　162
第七节　互动玩法终极指南，玩转直播间人气　　　164
第八节　营造直播间氛围，打造购物天堂　　　　　167

## 第十二章　粉丝运营大法：网红带货背后的秘密武器

第一节　新用户转化秘籍，轻松俘获受众的心　　　172
第二节　直播间流量大解密，入口多元化　　　　　174
第三节　用户停留秘诀，让他们爱不释手　　　　　176
第四节　促单转化神技，粉丝下单不手软　　　　　178
第五节　转化新粉丝为忠实粉丝的秘诀　　　　　　180
第六节　粉丝忠诚度提升大法，粉丝变铁粉　　　　182

## 第十三章　数据运营之道：直播带货背后的数字魔法

第一节　直播带货流量来源深度剖析　　　　　　　186
第二节　直播数据源头揭秘　　　　　　　　　　　187
第三节　直播复盘终极指南——数据驱动优化　　　190

## 第十四章　门店主播崛起：实体店的新风口

第一节　实体门店直播红利大放送，错过等一年　　194
第二节　实体店直播快速启动，不做OUT店　　　　196
第三节　实体店直播心态大揭秘，让你从容不迫　　198
第四节　零基础店员主播孵化计划，让你成为合格主播　200
第五节　门店主播必修课：注意事项一网打尽　　　202

**结　语**　　　　　　　　　　　　　　　　　　　205

# 第一章
# 直播电商：现状与"爆款"未来

在当下消费市场中，新兴的直播电商正以不可阻挡之势崭露头角，已然演变为品牌与消费者之间备受欢迎的"人气社交平台"。直播电商凭借其独特的交互性、即时性和真实性，为电商行业注入了前所未有的活力与生机。

然而，我们也必须正视，这一迅猛发展的直播电商领域，正逐渐步入"红海"阶段。随着越来越多的参与者涌入，市场竞争日益激烈。那么，如何在竞争激烈的环境中脱颖而出，打造独具匠心的"爆款"产品，便成为业界亟待探讨和解决的焦点问题。

天天爆单——手把手教你直播带货

## 第一节 直播电商风云录：现状大盘点

近年来，直播电商作为电商界一颗璀璨的明星，其影响力和受欢迎程度显著上升。它为品牌和消费者构建了一个充满欢乐与互动的交流平台，使得"买卖"过程变得更为生动有趣。特别是直播电商所展现出的即时反应能力和真实的代入感，可以说是精准地捕捉了当代消费者的心理需求。

随着市场规模的迅速扩张，直播电商的用户基础亦稳固增长。目前，从整体趋势来看，尽管这两年直播电商的增速有所放缓，但其渗透力和用户规模却仍在持续攀升，并且在不断的质疑声中，涌现出了不少"新爆款"，显示出其强大的生命力和市场潜力。

直播电商之所以能够长期占据电商领域的半壁江山，其背后离不开科技力量的支撑和消费者消费习惯的根本性转变。在科技发展的推动下，加之消费者购物习惯的深刻变革，使得直播电商已不再是电商界的小角色，而是成为引领市场潮流的重要力量，它使购物变得更加便捷，让交易过程升华为买家与卖家之间的深度交流。

一般分析一个行业的形势，都要先盘点一下该行业的现状。接下来，就让我们一起来看一下直播电商行业的发展现状吧。

现状一：市场规模迅速增长。

据艾瑞测算，直播电商的市场规模在近几年呈现出了令人瞠目结舌的增长速度。中国直播电商行业整体规模2023年达到4.9万亿元，同比增长35.2%。预计中国直播电商在2024—2026年的复合年增长率为18%，增长态势将呈现扁平化趋势。

现状二：用户规模庞大。

星图数据显示，随着直播电商的兴起，开始接触和参与直播购物的用户越来越多。据统计，截至2022年12月，我国网络直播用户规模达7.51亿，其中短视频用户规模同比增长8.3%，达到10.12亿。

现状三：头部主播效应显著。

头部主播的影响力在直播电商行业不容忽视，他们依靠过硬的专业实力和独特魅力吸引了大批粉丝和受众。举例来说，"交个朋友"2024年第1季度总共完成约24.32亿元的GMV（商品交易总额），同比增长约25%。"东方甄选"2024财年中期（2023年6—11月）的Live电子商务业务GMV达57亿元，较同期的48亿元增长近10亿元。

现状四：MCN机构与主播关系微妙。

MCN机构（全称Multi-Channel Network，是一种在新媒体行业中出现的经营模式，通常与创作者签约合作，旨在提供综合性的数字内容管理和视频分享平台）与主播的关系随着直播电商行业的发展越发微妙。一些MCN经纪公司为了留住自己的头部主播开始尝试将利益或情感捆绑在主播身上。比如"东方甄选"就选择了让董宇辉开创新的直播间，成立独立工作室。

现状五：直播电商优势凸显。

相较于传统电商的单调与乏味，直播电商展现出了一种活力四射、引人入胜的魅力。它犹如一个全方位的展示台，能够360度无死角地呈现商品的每一个细节。加之主播们或幽默风趣、或真诚实在、或侃侃而谈的主持风格，即便是普通商品，也能在直播中激发受众浓厚的兴趣与热情。

此外，直播电商具备极高的灵活性，能够迅速调整直播内容，根据用户的实时反馈进行优化，确保每一场直播都异彩纷呈，令人欲罢不能。

更值得一提的是，直播电商开创了一个全新的"货找人"时代，彻底颠覆了传统的"人找货"模式。在这个时代，商品仿佛具备了感知能力，能够主动寻找潜在消费者，将自身的魅力与价值展现得淋漓尽致。

现状六：行业挑战与机遇并存。

直播电商行业固然展现出了广阔的发展前景，然而，亦须直面一系列挑战。首要的便是确保直播内容的真实性与可信度，同时提升物流配送的效率和准确率。然而，在面对挑战的同时，直播电商行业亦将迎来更为丰富的发展机遇，特别是随着技术的日新月异和市场的深入拓展，其机遇更是触手可及。

综观全局，直播电商行业发展迅猛，市场规模庞大，头部主播效应显著，这些现状和特点共同构筑了该行业的勃勃生机与无限机遇。无论是经验丰富的行业先行者，还是初入市场的新人，如何在行业中有效应对挑战、精准把握机遇并持续创新，均是直播行业发展中的核心要素。

## 第二节　直播带货"热度爆表"：火爆原因分析

直播带货的迅速崛起与持续火爆，背后蕴含了多重因素的综合作用。

随着电商行业的蓬勃发展，商家数量呈现爆炸式增长，商品在海量信息中脱颖而出的难度日益增大。直播带货凭借其强大的吸引力，有效聚合了网络流量，将潜在的消费群体转化为实际购买者，为电商用户开辟了一条高效的销售通道。

对于新品牌而言，直播电商提供了一个在激烈市场竞争中迅速崭露头角的机遇。直播带货作为一种创新的宣传手段，借助主播与粉丝之间的紧密联系，使新品牌在直播活动中获得更广泛的曝光和推广。这不仅有助于品牌知名度的迅速提升，还能在短时间内快速累积用户忠诚度。

直播带货的优势显著，其中，相较于传统电商平台高昂的推广费用，直播带货的赞助成本较低，且费用结构更具灵活性，通常与销售转化率紧密关联。因此，对于商家而言，选择直播电商更具经济效益。

现在我们具体来看一下直播带货为何能够产生强大的影响力。

原因一，在于平台与技术的日趋成熟。随着4G、5G网络的广泛普及以及直播技术的飞速发展，如今已呈现出"主播遍布，带货无处不在"的局面。这种即时互动、充满趣味性的方式，如同为新时代开启了一扇通向未来的大门，迅速赢得了广大公众的青睐与追捧。消费者观看直播带货，其初衷往往并非仅仅购买商品，更多的是追求一种参与感和体验的乐趣。

原因二，直播带货领域正受到资本市场的大力冲击。资本无处不在，既有其消极面，即所谓的"丑孩子"，但同样也存在积极面，即令人欣慰的"好孩子"。在这一背景下，直播带货主播成为资本市场的宠儿。一些大型资本机构资金的注入，为该领域增添了新的活力。这种资本的强大推动力不仅催生了一批才华横溢的优质主播，同时也带来了丰富多样的商品选择，进一步推动了直播带货行业的繁荣发展。

原因三，明星、达人、KOL（关键意见领袖）的示范效应显著。在直播平台上，众多知名流量人物、人气达人以及网红 KOL 纷纷亮相，其带货行为迅速引发广大用户的关注，进而推动了直播带货的热潮。其中明星带货所带来的热度尤为显著，而各平台 KOL 榜单上的杰出代表，更是凭借出色的销售业绩屡次刷新纪录。他们强大的示范效应宛如强大的磁场，吸引了大量用户的积极参与，令他们纷纷投身于这场直播带货的购物热潮之中。

原因四，直播带来的新增量。直播带货就像是给商家打开了一扇财富之门，尤其是对于 C 端的商家而言，搭建直播间就像拥有了线上酷炫店铺一般。但是这家"酷炫店铺"的投入却显得格外亲民。这种既实惠又高效的营销方式正吸引着越来越多的商家的参与。

原因五，消费者购物习惯显著转变。随着互联网的日益普及，消费者的购物习惯已发生深刻变革。目前，选择在线购物以享受其带来的便利与自由，已成为众多用户的首选。同时，现场自带商品这一新兴的电商模式，以其独特的创新性和用户体验，不仅满足了用户的购物需求，更带来了前所未有的购物惊喜，令人瞩目。

尽管众多实体店铺面临顾客稀少的困境，但在线上直播领域，却呈现出一派繁荣景象。众多消费者纷纷涌入各大直播间，尤其是诸如"与辉同行""交个朋友"等热门直播间，其实时在线观看人数常常突破十万大关。即便在这些庞大的受众群体中，仅有 1% 的受众最终完成购买，对于商家而言，也意味着成功售出千份商品，从而获取相应的利润。更重要的是，在董宇辉、罗永浩等具备独特魅力和语言艺术的主播的引导下，其直播间的商品往往也呈现出上架即售罄的火爆态势，这无疑极大地促进了销售的增长。

当然，直播带货繁荣的背后，亦隐藏着不容忽视的隐忧。具体而言，一些直播间内存在大量水军，他们通过模拟真实用户的网络行为，混淆视听，误导消费者，从而短期内为直播商品带来商业利益。然而，从长远视角审视，这种行径极有可能对消费者权益造成损害，进而对整个直播带货行业的良性发展产生负面影响。

以某明星为例，在其直播售卖皮草产品的过程中，尽管直播间内受众人数高达上万人，但长达三小时的直播仅售出不到百件皮草产品，且后续报道显示有超过一半的退款记录。这一现象背后的原因不言自明，即水军现象的存在。

直播带货之所以广受欢迎，不仅在于其高效的变现能力、显著的推广效果以及低廉的活动费用，亦与其背后的隐忧紧密相连，其中水军现象即为重要的隐蔽性因素。因此，为确保消费者权益不受损害，实现直播带货的可持续发展，需要行业各方共同努力，制定并执行严格的规范和标准。

## 第三节　直播电商"燃爆"原理解析

直播电商作为电商领域的新兴力量，在近几年呈现出迅猛的增长态势。其显著的发展势头，实则源于多种因素的综合影响。其中令其实现爆发式增长的，无疑是曾经肆虐全球的三年疫情。回顾2020年之前，尽管直播已逐渐进入公众视野，并涌现出了如李佳琦、李子柒等头部主播，但当时公众对直播的依赖程度尚未达到近年来的高度。

2020年以后，线上购物的本质已超越了单纯的"购买"行为，而更多地体现为人们对于进入一种沟通环境的渴望。

时至今日,仍有众多人热衷于观看直播,其并非仅出于购物目的,更多的是基于对特定主播的喜爱,他们渴望与主播进行互动,享受与其交流的过程。

近年来,直播电商行业呈现出爆炸式的增长态势,这一趋势的形成不仅源于特殊时期的外部因素,更核心的是直播电子商务作为一种新兴的购物方式,凭借其独特的魅力在全球范围内迅速崛起。直播电商通过实时视频直播的方式,为消费者提供了一种更为直观、生动的购物体验,使消费者仿佛置身于真实的购物场景中。这种购物方式赋予了消费者强烈的参与感和代入感,使其在日常生活中感受到前所未有的购物乐趣。

举例来说,消费者在进入直播间时,可以直观地观察到商品的详尽陈列。主播们会精心准备,通过丰富的口头语言和肢体语言,全方位地展示商品的外观、质地、功能等特点。无论是服饰、美妆、家居用品还是数码产品,都能通过镜头展现其独特的魅力。这种直观的展示方式有助于消费者对商品的特性、优点形成更为清晰的认识,进而在购物决策上做出更为明智的选择。

此外,消费者在直播间不仅能够获取与电商平台同样详尽的商品介绍,还能与主播进行实时的互动交流。在观看直播的过程中,我们可以观察到主播与消费者之间的互动,但主播的讲解并非仅围绕商品展开,他们更多的是根据消费者在评论区提出的问题进行有针对性的解答,确保"问什么答什么"和"知无不答"的原则得以贯彻。

当然,也有许多受众进入直播间并非出于购物目的,而是纯粹为了与主播交流或寻求情绪上的满足。面对这些心思各异的消费者,主播们都会以自己的方式提供解答和帮助。

然而，有一个现象值得我们关注：消费者的咨询和互动频率与其购买意愿之间似乎存在某种关联。以某朋友直播销售香云纱衣物为例，在她的直播间内，有一位女士连续两个月频繁出现，并倾向于讨论与婚姻相关的主题。尽管朋友从这位女士的言辞中推测她可能正经历中年婚变，且未必有购买商品的意图，但同样作为女性的她，依然坚持给予这位女士积极的回应。

这种日常的互动持续进行，尽管直播的主要内容是商品介绍，但这位女士依然准时出现，分享与商品无关的话题。部分购买商品的消费者甚至在评论区建议她不要过多偏离主题，但朋友依然以极大的耐心回应关于婚姻的讨论。

令人意外的是，大约两个月后，这位女士在朋友的直播间下单购买了一件香云纱裙装。随后的半年里，她成为朋友直播间购买率最高的消费者之一。这一现象再次印证了我们之前的观察：消费者的购买决策可能受其与主播互动频率和深度的影响。

还有一位女性消费者，对朋友直播间内展示的一件香云纱旗袍产生了浓厚的兴趣。这款旗袍的价格约在4000元，她频繁地进入直播间，并针对该旗袍提出了一系列详尽的问题。她询问的内容包括旗袍的盘扣是否为手工制作、制作旗袍的上海师傅是否享有盛誉、若穿上后尺寸不合适是否提供免费修改服务，以及这款旗袍经过水洗后是否会褪色等。

朋友性格和善，然而，由于连续半个月内持续受到该消费者频繁且详尽的咨询，她亦感到些许疲惫。正当朋友考虑是否将这款旗袍下架时，这位女性消费者突然下单购买。她向朋友表示，自己确实非常喜欢这款旗袍，但由于其价格相当于她一个月的工资，因此在购买前才会显得如此犹豫不决。

直播电商之魅力，源于其能够即时转化观看直播的用户为潜在客户，甚至培育成长期客户。通过实时视频直播，消费者能深切体验到主播的热情与专业，并直观感受到其他消费者的真实反馈。这种沉浸式的购物体验显著提高了消费者对直播推荐商品的信任度，从而促进了购买意愿的提升。

此外，直播电商借助先进的技术手段与大数据分析，使得对消费者喜好的洞察越发精准。许多直播带货不再局限于某一类商品，而是能够基于数据反馈，精准把握消费者需求，实现商品的精准选择与推荐。

直播带货对消费者的影响固然显著，然而，其对商家的影响更为深远和突出。在数字化高速发展的当下，直播电商已成为商家竞相采纳的营销新途径。对于商家而言，直播电商在提升品牌知名度、吸引流量以及促进销售等方面展现出了显著效果。它不仅仅是一个销售渠道，更是一种高效、生动的营销手段。

直播电商凭借其独特的交互性和实时性，为商家带来了前所未有的流量红利，从众多营销方式中脱颖而出。商家通过直播的方式，能够实时与受众互动，解答疑惑，展示产品特性，从而吸引更多潜在用户的关注。同时，直播电商还充分利用社交媒体平台的传播优势，将商家品牌迅速传播给广大用户，显著提高了品牌的曝光度。

直播电商通过精心设计的互动环节和促销活动，成为激发消费者购买欲望的有效手段。在直播过程中，商家巧妙设置抽奖、问答等互动环节，让受众在参与中感受到乐趣，进而对商家产生浓厚的兴趣。同时，商家结合限时优惠、满减等促销策略，进一步刺激消费者的购买欲望，有效提高转化率和销售额。

此外，直播电商对于商家塑造品牌、提升品牌价值也具有积极作用。

商家通过精心策划的直播内容,展示企业文化、产品理念等,塑造出独特的品牌形象。同时,借助知名主播的影响力,为品牌带来更多曝光和关注,进一步提升品牌价值。

直播电商的火爆得益于用户体验和交互性的升级,受众与主播的频繁互动营造出热闹的现场氛围。暴涨的流量变现和营销效应,为商家带来了丰厚的回报。同时,供应链效率的提高为消费者提供了更便捷的购物体验,满足了消费者日益增长的个性化需求。

随着技术的不断进步和市场的不断深化,直播电商行业展现出了巨大的成长潜力和活力,将成为未来电商领域的一颗璀璨明星。

## 第四节 主播"小透明"如何逆袭未来

在热闹的直播电商大潮中,实现从"小透明"到"大 V"的华丽转身,是每位主播梦寐以求的目标。然而,要实现这一转变,需要付出充分的努力,灵活运用策略,敏锐地捕捉每一次行业发展的良机。

众所周知,现今广受欢迎的直播主播们,无不是从"小透明"阶段逐步成长起来的佼佼者。以李佳琦为例,他最初只是一名普通的化妆品专柜营业员,但在直播行业初兴之际,他勇敢地踏入这一全新领域。虽然起初可能并未引起广泛的注意,如同投入大海的小石子,但他并未因此放弃。李佳琦每日深入研究化妆品知识,不断提升自我,并在直播中分享自己的使用心得。正是这样的坚持与努力,让他逐渐聚拢了一批忠实的粉丝,最

天天爆单——手把手教你直播带货

终实现了从"小透明"到行业大咖的蜕变。

直至某一日,提及口红,公众的首要联想不再局限于某一品牌,而是直接指向"李佳琦"这个名字。彼时,众多女性消费者在选购口红时,不再受广告或明星代言的左右,而是高度信赖李佳琦的推荐。即便对李佳琦所推荐的口红品牌一无所知,她们也会毫不迟疑地下单购买。

那么具体要做什么才能从直播"小透明"逆袭成为直播大主播呢?除了用心外,以下几点必须坚持。

(1)明确个人定位与品牌建设至关重要。在直播电商领域,主播需根据自身的特长、兴趣、目标和受众群体,塑造一个与品牌产品相关的独特且鲜明的人设。如同电视剧、小说中的人物设定,一个清晰的人设有助于受众对主播本人及其所卖的产品都产生深刻的印象。例如,李佳琦通过专注于口红、彩妆领域,成功塑造了"口红一哥"的形象。

(2)提升直播技能和互动能力同样不可忽视。直播带货的主播不仅需要具备专业的直播技能,还需擅长与受众进行互动。这种互动能力不仅仅是解答问题的能力,更是沟通能力的体现。主播应通过学习和培训,不断提升自身在这方面的能力。

(3)持续创作是直播电商领域的核心。主播应坚持每天直播,不断优化内容,积累粉丝。在创作瓶颈期,可以对现有内容进行微调,保持创作的连贯性和进步性。粉丝在观看直播的过程中,能够感受到主播的坚持和进步,从而建立起更深的信任关系。

(4)建立与粉丝的信任关系是直播电商成功的关键。在直播间中,主播应真诚地与粉丝互动,建立深厚的信任关系。这种信任是相互的,只有主播真诚对待粉丝,才能获得粉丝的信任和支持。

此外，抓住行业机遇也非常重要。直播带货行业正在进入稳定期，主播应关注行业动态，与其他主播抱团取暖，共同应对市场变化。同时，主播还应严格遵守行业规范和法律法规，确保直播内容的合法合规性，为行业的健康发展作出贡献。

综上所述，要想从"小透明"逆袭成为未来的直播电商明星，主播必须明确目标、提升技能、持续创新、建立信任、抓住机遇并遵守规范。只要做到这些，在这个充满机遇与挑战的行业里，出人头地就不是难事。

# 第二章
# 直播大秀：开播前的全攻略

　　直播成功的关键，往往在于开播前的精心筹备。首先，确立一个引人注目的直播主题和内容至关重要，我们需要深入了解目标受众群体，进行精准的用户画像分析，以实现内容的精准触达。

　　直播设备作为执行直播的必需品，必须准备充分。这包括但不限于高质量的照相机、清晰的话筒以及稳定的网络环境。只有所有准备工作都充分到位，直播才能呈现出一场精彩的视听盛宴，吸引更多受众的关注和参与。

## 第一节 直播人设打造：我是谁？我在哪

本节我们将深入探讨两个核心问题，这两个问题不仅决定了直播的观看率，也影响着直播间消费者是否愿意付费。这两个问题是："我是谁？""我在哪儿？"

在直播过程中，做好定位，塑造一个精准且吸引人的个人形象，即搞清楚"我是谁"至关重要。它不仅有助于提升粉丝黏性和观看率，还能够增强受众对主播的认知和记忆。以下是一些关于如何构建直播人设的建议。

（1）明确目标受众。了解并明确自己的目标受众群体至关重要，因为不同的受众有不同的喜好和需求。针对目标受众量身定制的人设将更具吸引力。

（2）深入挖掘个人特点。每个人的性格、兴趣、技能和经历都是独一无二的。在构建人设时，应深入挖掘并展现这些独特之处，使自己从众多主播中脱颖而出，并帮助受众形成深刻的印象。但需注意，一旦设定好人设，务必在直播过程中保持一致性，避免出现人设"崩塌"的情况。

（3）保持人设的稳定性。一个稳定的人设有助于消费者形成固定的印象，进而增加黏性。在经验积累的基础上，可以对人设进行微调，但总体上应保持连贯性。

（4）积极与受众互动。在直播过程中，积极回应受众的评论和提问，展现出热忱和诚意。这不仅有助于提升人设形象，还能增强与受众之间的互动和联系。

（5）塑造职业形象。无论直播哪个领域，都需要具备一定的职业素养。通过不断学习和提升专业能力，塑造一个专业且值得信赖的形象。

（6）注重形象包装。除了内在特质外，外在的形象包装同样重要。包括直播间的服装、声音的语调等各个方面都应与人设设定相符，以营造和谐融洽的氛围。

（7）持续学习与提高。直播是一个不断发展的行业，需要不断调整和优化。主播应持续学习新知识，提高技能水平，并关注市场动态和受众反馈，以不断优化自己的人设和直播方式。

在做好了"我是谁"的定位后，接下来就是解决"我在哪里"的问题。该问题实际上涉及了直播环境的设定，与主播的人设定位同等重要。在选择直播环境时，应当注重以下几点。

（1）建议主播选择的直播环境应与其所带货商品具有相关性。如果在家中直播，可以适当布置环境，如摆放商品宣传海报等，以便受众在进入直播间时能迅速感知到主题。

（2）无论带货何种产品，直播环境都应保持干净、明亮。脏乱差的环境不仅会影响受众观感，还会降低产品吸引力。即便所带商品是超强除蟑螂剂或洗洁灵等清洁用品，也需确保背景环境的整洁明亮。

（3）在直播过程中，应避免在桌面等显眼位置摆放过多与带货商品无关的商品或摆件。这样做可以避免受众分散注意力，确保他们能够专注于当前的产品介绍和推销。

以美妆主播为例，她们通常在精心布置的梳妆台前进行直播，展示专业的化妆技巧和产品效果；美食主播则可能在精心搭建的厨房或自家厨房中直播，与受众分享烹饪的乐趣和美食的魅力；服饰主播则可能在自己的店铺或简易拍摄棚中直播，向受众展示多样化的服饰搭配和时尚趋势。

因此，主播的直播环境不仅仅反映了其专业性和个人风格，更直接影响了受众在直播间中的代入感和体验感受。

综上所述，主播在塑造个人人设的同时，也应注重直播环境的打造。一个既与众不同又不失风趣且个人特色十足的直播环境，将有助于提升受众的观看体验和购买意愿。

## 第二节　直播选品秘籍：选货有术，爆品我有

在直播电商领域，商品选择是一项至关重要的策略，堪称直播间的核心驱动力。它如同打开受众心门的神奇钥匙，一旦精准运用，便能迅速激起受众的购物欲望，有效提升转化率，并为主播们赢得良好的口碑与信任。在琳琅满目的商品中精准挑选出那些具有爆款潜力的商品，使之从众多商品中脱颖而出，成为吸引受众目光的焦点，这犹如一场神奇的探秘之旅。现在，就让我们一起踏上这场选品旅程，探寻其中的奥秘吧。

简单来说，直播选品秘籍主要包括以下几个方面。

1. 精确把握受众特征

在选择直播商品时，我们应当首先对受众的需求与偏好进行深入剖析。通过数据分析、用户调研等手段，细致了解粉丝的年龄、性别、职业、地

域等特征，以及他们对产品的具体需求与偏好。此举旨在提升直播的转化率和销量，因此，我们需要选择与受众需求相契合的商品。

2. 精选高性价比商品

直播带货的核心竞争力在于商品的性价比。因此，在选品过程中，应优先考虑品质卓越、价格合理的商品。在选择商品时，需全面评估商品的质量、价格、口碑等方面，以确保所选商品具有市场竞争力，能够吸引消费者购买。

3. 强调商品差异化

在众多直播商品中，我们需要关注商品的差异化特点，使其在竞争中脱颖而出。选择功能独特、设计新颖、质量可靠的商品，能够有效吸引消费者的关注，提升他们的购买意愿。

4. 推行组合销售策略

在选品时，可考虑采用组合搭配的方式进行销售。例如，销售洗涤灵产品时，可搭配清洁棉一同销售；销售茶具时，可搭配一款上水器。通过"一站式购物"的策略，以最优价格满足消费者多元化需求，进而提升客单价和销售额。

5. 紧跟热点与趋势

在选择直播商品时，需关注当前的热点和趋势。选择热门商品或具有潜力的新品，有助于提升直播的曝光度和转化率，吸引更多消费者的关注。但需注意，部分热点如天灾人祸等，虽能吸引关注，但涉及道德和法律问题，应予以避免。直播带货应秉持正确的价值观和道德观。

6. 亲身体验与推荐

主播在直播前应对所选商品亲自试用，以确保对商品的特性、优点和使用方法有深入的了解。在直播过程中，可将商品推荐给受众，并分享自己的使用心得和体验，以激发受众的购买欲。一般而言，主播亲自使用并推荐的产品更能获得消费者的信任和认可。

综上所述，直播选品的核心在于深入剖析受众需求，精挑细选性价比优越的商品，巧妙运用商品差异化策略进行搭配组合销售，紧跟市场热点与潮流趋势，亲自体验以确保品质，以及精准推荐。唯有如此，直播的转化率与销售额才能显著提升，进而最大化发挥其商业价值。

以美妆直播主播"娜娜"为例，她即将进行一场名为"春季护肤新品大赏"的直播活动。在准备过程中，娜娜展现出了极高的专业素养。

首先，她会深入剖析其受众群体，包括她的忠实粉丝和潜在消费者，详细了解他们在春季护肤方面的需求和困扰。基于这些分析，她会制定一份详尽的直播脚本，特别关注保湿、防晒、抗过敏等当前热门的护肤话题。

娜娜拥有一个专业的团队，其中包括负责商品筛选的专员。这些专员作为产品质量的把关者，将精心挑选那些经过娜娜和团队亲自试用，且在市场上表现卓越、口碑良好的产品。

此外，娜娜的团队还会特别关注产品的亮点和创新点，以提升直播的趣味性和吸引力。例如，在即将到来的直播中，她可能会向受众推荐一款含有独特保湿成分的面膜，或是一款高效的防晒产品。

在价格方面，娜娜充分考虑了消费者的购买力，确保所推荐的产品价格合理且物有所值。同时，她还与品牌方进行深入交流，详细了解产品信息、合作方式及优惠政策等，以为受众推荐最合适的产品。

通过这些精心策划和准备，娜娜的"春季护肤新品大赏"直播不仅将提高观看率和转化率，还将增强受众对她的信任和喜爱。她不仅为受众推荐了实用的护肤品，还普及了丰富的护肤知识，为线上消费者带来了一场既实用又有趣的春季护肤新品盛宴。

从上述观察中，可以清晰地看到，直播选品不仅仅是一项技巧，更是一门需要精心雕琢的艺术。它要求主播具备敏锐的市场洞察力，以严格的态度把控产品品质，并保持对市场动态的敏锐反应。只有如此，主播才能赢得广大消费者的信赖与支持，从而在直播电商的激烈竞争中站稳脚跟，立于不败之地。

## 第三节　直播场地探秘：打造专属直播间

在直播领域，直播间不仅是信息发布的平台，更是主播与受众进行深度互动与沟通的桥梁。它对于提升主播个人形象、优化受众体验具有至关重要的作用。一个兼具舒适、专业与个性的直播间环境，不仅能使主播在带货过程中保持愉悦的心情，还能有效增强消费者的黏性。那么，关于如何构建专属直播间，我们可以从以下几个方面进行考量。

首要之务是选址。为确保直播质量，应选择光线充足的场所作为直播间。若条件允许，建议采用独立的房间作为直播间，以减少外界噪声的干扰，确保直播内容的清晰传达。

其次，直播间的装修亦不容忽视。在布置直播间时，需兼顾主播的舒适感受与受众的视觉体验。可适当摆放一些个性化的装饰物，如绿植、艺术品等，以展现主播的独特审美与品位。同时，在选择照明设备时，应确保光线分布均匀、柔和，避免产生阴影或反光，确保直播画面的清晰度和舒适度。

此外，硬件设备的配置亦属核心要素。主播们每一个细微的动作，皆能精准捕捉直播间内消费者的目光，其互动方式更使受众沉浸其中，深切感受到主播的诚挚。同时，优质的麦克风设备能确保主播的声音清晰传递，使受众获得更佳的听觉体验。此外，网络环境对保障直播的流畅性与稳定性至关重要，不可或缺。

软件设备的选择亦不容忽视。一款操作简便且功能强大的直播软件，能够显著提高主播们的直播效率。主播们可通过该软件轻松管理直播过程，如设置弹幕、礼物互动等，从而增强直播的趣味性与互动性。

以时尚小达人身份运营直播间的折耳小兔，经过深思熟虑和精心策划，成功打造了一个独特且具有吸引力的直播环境，以吸引更多年轻女性受众。为确保直播间能够有效吸引并满足热爱时尚的年轻群体，同时实现销售增长，折耳小兔在直播间的打造上花费了大量心血。

（1）在直播间风格的选择上，她以简约、时尚、温暖为主轴，以白色为主色调，辅以粉灰色点缀，营造出了一个清新舒适、梦幻如公主城堡般的直播空间。

（2）在选址方面，她寻找到了一间宽敞明亮的屋子作为直播地址，为试穿各种时尚服饰提供了充足的空间。同时，她巧妙地布置了柔和的灯光，以凸显服饰的纹理和色彩，并设置了简易拍摄区，确保试穿过程中的精彩瞬间得以完整捕捉，使消费者能够清晰观察到商品的每一个细节。

（3）在设备方面，折耳小兔选择了高清摄像机、专业麦克风和性能卓越的电脑，以确保直播画面的清晰度和流畅度，同时提供悦耳动听的声音效果，为受众带去优质的观看体验。此外，她还准备了魔幻绿幕以实现背景瞬时变化，并通过灯光设备营造出奇幻而温馨的氛围。

（4）在直播开始前，折耳小兔对直播软件进行了精心安装调试，不断调整镜头角度、测试灯光和音响效果，直至达到最佳状态。她极为注重直播前的准备工作，以确保每一个细节都能让进入直播间的受众感受到她的用心和真诚。

（5）临开播前，她都会检查网络连接和设备性能，以确保直播效果万无一失。她甚至在测试中及时发现并优化了细小的瑕疵，使直播效果达到了相对完美的程度。

经过精心打造，折耳小兔成功拥有了一个独特的直播间，为她的直播事业提供了优质的环境和设备保障，充分展现了她作为时尚小达人的个人风采。相信这间直播间将成为她闪耀直播界的重要助力！

综上所述，构建一个专属的直播间，需审慎考量多个维度，包括选址、空间布局与装饰、硬件配置、网络环境稳定性以及软件设备的兼容性与功能性等。然而，一个设计精良、环境舒适的直播间，不仅能够有效提升主播的专业形象与影响力，同时也能够为受众带来更为优质的观看体验。

## 第四节　直播硬件装备清单：玩转直播不再难

在直播领域，竞争态势日益激烈，众多人士渴望在这片充满活力的领域中脱颖而出，展现自己的才华。然而，要在直播界取得显著成就，除了主播需要具备扎实的软件操作技能外,优质的硬件设施同样不可或缺。对于直播硬件设备的选择,亦是一门值得深入研究的学问。接下来,我们将对直播所需的主要设备进行概述。

(1)摄像机。使用的直播基本设备要保证画面清晰,使受众有良好的观看体验。为了应对不同的光线环境,需要拍摄设备具有支持1080P甚至更高分辨率的功能,并且要保证其拥有不错的低光性能。

(2)麦克风。音质清晰的麦克风对于直播来说必不可少,好的麦克风能保证主播有清晰响亮的声音,使受众的视觉感受得到提升。根据直播内容的不同,可以选择不同类型的动圈麦克风。

(3)音频接口和声卡。音频接口和声卡主要负责音频信号处理和保证声音质量。一张好的声卡,能够提供更好的音质和更低的延时,使得直播的实时性得到提升。

(4)灯光设备。恰到好处的灯光不仅可以提高画质,还可以营造出现场直播的温馨舒适气氛,避免使用太过刺眼的强光,一般推荐使用柔光灯、环形灯等。

(5)计算机或移动电话。作为直播的核心设备,计算机或移动电话需要有良好的、稳定的网络连接,为保证直播的流畅性,推荐使用配置更高的计算机或最新款手机。

(6)直播软件。主播需要选择一款具有强大功能、操作简单的直播软件,可以帮助主播轻松管理直播内容、与消费者互动、查看资料等,可谓一举多得。

(7)网络设备。直播要有稳定的网络,网络不稳定,难以有稳定的流量。对于直播来说,4G应该算是网络基本配置了,如果有条件最好使用5G。

（8）辅助装置，包括绿幕、背景板、反光板、照相机支架等装置。这些看起来不起眼的装置可以帮助主播更好地进行现场环境布置，并能够为拍出高质量的图片打下基础。

综上所述，实现直播活动的成功，硬件设备的选择不可或缺，且硬件设置在其中占据着至关重要的地位。在这里，祝愿所有主播都能够选到心仪的直播设备，搭配自己专业过硬的直播能力，顺利转型为专业主播，从而为受众提供令其听觉愉悦、视觉享受的优质直播内容。

# 第三章
# 直播天团：角色与职能大解密

直播天团是一支充满活力的专业团队，其成员各怀绝技，共同为消费者呈现了一场精彩的直播盛宴。

在这个团队中，主播扮演着至关重要的核心角色。同时，也有众多幕后英雄的默默付出。内容策划师们精心策划每一场直播的主题与形式，以确保内容丰富多样、引人入胜；技术保障团队全力确保直播过程中的设备稳定运行，画面流畅、声音清晰、网络顺畅，来为受众带来优质的观看体验；营销推广团队负责通过各种渠道和方式，宣传推广直播活动，包括宣发、预售等各个环节的精心安排。此外，团队中还有专业的选品团队，为消费者精选优质商品。

## 第一节　直播之星：主播的职责与魅力

在直播行业中，尽管部分主播拥有专业的团队支持，但多数主播在起步阶段采取的是独立运营模式。这些身兼数职的主播是直播活动的核心驱动力。首先，作为内容的传递者，主播需具备扎实的专业知识和出色的表达能力，以确保直播内容的价值能有效传递至受众。其次，主播承担着社群构建者的角色，致力于营造积极健康的直播氛围。为实现这一目标，主播需积极构建与受众的互动关系，通过"引导"与"引领"的方式，促进消费者向粉丝的转化。此外，主播还需密切关注市场动态，不断调整和优化直播内容，以满足受众的需求和期待。

因此，一个具备个人魅力的主播往往能在激烈的竞争中脱颖而出。每个主播都应塑造独特的个人风格，并不断提升专业素养，以吸引更多消费者，并提升他们进入直播间后的忠诚度，从而实现从消费者向粉丝的转化。为此，主播需在日常生活中不断提高自身的知识水平、专业水平及表达能力。

现在很多我们能够记住的主播，不光是因为他们有夸张的表达方式，或者因为他们有独特的口头禅，还因为他们有着强大的个人魅力与专业素养。

以罗永浩为例，提到罗永浩就绕不过锤子科技，绕不过"甄嬛（真还）

| 第三章　直播天团：角色与职能大解密 |

传"的梗，大家喜欢罗永浩，绝不是因为他有高颜值，而是因为他有才华。我们来看一下罗永浩在一次为阿里云直播中，连续脱口而出的10条金句（该金句应用自罗永浩直播内容）。

（1）云计算是一种通过互联网提供计算资源和服务的模式，通过互联网从云数据中心获取计算、存储等算力服务。就像电网、水网一样，水网就是自来水管道。

点评：当直接提及云计算时，若仅聚焦于讨论 IaaS、PaaS、SaaS 等专业术语，可能使多数受众感到困惑，甚至产生误解，认为讲解者过于故作高深。然而，罗永浩巧妙地将云计算类比为电网、水网，这一形象且贴近生活的比喻极大地提高了受众们对云计算的理解度，使得进入直播间的消费者能够轻松理解，进而被吸引并持续留驻于直播间内。

（2）国际上的一些科技巨头，有的就不行了，比如美国西雅图一家企业股价跌得很惨，后来靠云计算又活过来了，就是因为到处都需要云计算。从全球范围来看，云计算已经流行二十多年，美国公共云渗透率达到60%，反观中国公共云渗透率只有28%。

点评：当您听到这句话时，是否如同在与一位久未谋面的老同学闲谈？那位老同学提及，目前科技行业的挑战不容忽视。例如，我们都认识的那位从事科技领域的老友，为避免直接点名，我听说他曾面临财务困境，甚至出售了房产与车。然而，令人惊讶的是，通过转型至云计算领域，他如今竟已重新购置了房产与车。这段话旨在营造一个易于理解的情境，其核心信息聚焦于"云计算"的潜力和其带来的经济收益。若您能够领会其中的深意，那么老罗的初衷便得以实现。

（3）一些企业由于无知落后或历史惯性，至今还在自己买服务器，根本对云不了解。现在还不用云，真的太说不过去。现在很火的 AI 也一样，比如 ChatGPT，都是建立在云计算基础上，可以说云计算是创新创业的优质土壤，甚至是必备的土壤。

点评：此段表述实际上是在对部分传统企业提出警示，意在引导其构建全新的认知框架。在当前时代，新一轮的人工智能变革已不局限于大模型的竞争层面，云计算已成为推动 AI 创新与产业化的核心要素，其重要性不言而喻。

（4）朱萧木问：刚创业那会儿你知道云计算吗？罗永浩答：当然知道，别瞧不起人。别因为我太随和，就以为我不是搞科技公司的，这样不好。社会上很多误解很深，质疑我不懂科技。我们当时就是用阿里云，很多软件都是搭在阿里云上，现在交个朋友依然是阿里云的老客户。

点评：经过观察，我们注意到罗永浩的言谈极具吸引力。鉴于其英语教师的背景，外界可能对他与科技领域的关联持有疑虑。然而，罗永浩通过"别因为我太过亲和，就误解我在科技领域的专业能力"的陈述，有效澄清了这一误解，并明确表明自己深谙云计算领域。他进一步指出，自早期起，他就持续使用阿里云服务，这一自然且流畅的过渡方式，巧妙地引出了他所推荐的产品——"阿里云"。

（5）在淘宝买入门级服务器最少需要三四千元，没算电费、网络带宽等成本。现在使用云计算，不仅能省去这些更高的成本，同等算力降到只要几百元，且免运维，还能在突发流量的时候弹性扩容，锤子科技每次开完发布会后都迎来流量洪峰。使用云计算既扛住流量洪峰又能省成本，一举多得！

点评：在罗先生成功推出"阿里云"后，他依据自身的实际经验，对阿里云的优势与功能进行了详尽的阐述。提及锤子科技，作为罗先生"交个朋友"之前的创业成果，尽管最终因4亿元的债务而结束，但锤子科技新品发布会所引发的互联网热潮，其影响力至今仍广为人知。发布会后，面对互联网流量的急剧增长，罗先生明确指出是"阿里云"成功应对了这一挑战，并有效节约了成本。这一观点向直播间内的消费者传达了两个核心概念：阿里云不仅"好用"，而且"省钱"。因此，对于那些考虑购买服务器，但又对高昂价格心存疑虑的企业老板而言，罗先生的观点无疑为他们提供了有力的决策依据。

（6）阿里云目前是全球第三、国内第一的云计算厂商，这个可以去查，工商来查也不怕，这是有数据的。虽然阿里云是全球第三，但我怀疑应对流量洪峰方面的技术应该是全球第一。因为国外电商平台不搞"双十一"、6·18，全国人民冲进来买东西吓死人，它们没有受过这方面的训练。所以我高度怀疑阿里云是全球第一，但仅代表我个人的怀疑。

点评：罗先生的言辞技巧贯穿其每一句陈述之中，他通过"不怕查""有数据"等表达，以及"虽然……但是……"的逻辑结构，充分展现了论证的严谨性。然而，在其论述的结尾，他以"仅代表我个人怀疑"这一表述，虽然每个论点都显得有理有据，但最终得出的结论却是"高度怀疑"的立场，并强调这仅为个人观点。

至于"阿里云"是否可称之为全球第一，罗先生巧妙地将这一问题"转交"给了直播间的受众，不论答案如何，这样的处理方式无疑提高了公众对"阿里云"的关注度。

（7）云服务器ECS经济型e实例，包年套餐只要99元，0.63折非常离谱，年轻开发者第一台云服务器，是适合个人开发者的一款云服务器，可以满足开发测试和小型应用场景搭建的需求。

点评：在此，罗永浩彰显了专业的深度。身为业内顶尖的营销专家，一句"年轻开发者第一台云服务器"的标语，深刻触动了无数年轻开发者的心。这一简练的表述精准捕捉了产品的核心卖点，直击目标消费群体的内在需求，同时也精准地把握了他们的痛点所在。

（8）ECS u1 实例，老罗专属价一年只要 168 元，低至 0.44 折。其实就是借着这个活动，让大家学点东西，完全不挣钱，甚至我猜是亏钱的，就单纯交个朋友。

点评：直播带货的主播们普遍认识到，消费者选择进入直播间的主要动机在于寻求全网最低价。以"交个朋友"命名的老罗直播间，通过提供看似跌破市场低价的产品，直接与消费者建立信任与联系。其一年仅需 168 元的价格策略，对于广大消费者而言，无疑极具性价比和吸引力，几乎难以抗拒。此外，老罗真诚的交流方式也为直播间增添了独特的魅力。

（9）如果你在企业不是做 IT 的，可以把截屏发给公司 IT 看一下，他看到这个价格后可能会激动地跳起来，一定能打动他。你不知道是怎么回事，发给公司 IT 他直接就崩溃了，直呼"老罗，你路子真野"。

点评：再次提及了价格议题，就如同常见的"如非全网最低，则买一赔十"的承诺方式。然而，罗先生并未作出此类承诺。尽管如此，许多具备行业洞察力的消费者已表达出对商品抢购的紧迫感，唯恐手速慢而错失良机。

（10）低至 0.63 折、0.44 折，公司 IT 看到后的第一反应是，那个做直播电商的老罗是骗子，因为他上了限制消费名单。当时，我也劝阿里云说是不是有点过分了，如果再挥舞起来喊个单、挂个大金链子，就完全像骗子，但这确实是真的。首先你得看我在哪卖，淘宝直播和阿里云是一个体系，如果我在另一个平台上卖，你可能会怀疑是骗人的，但在淘宝直播卖怎么可能骗人，那基本上是自杀行为。哎，它这个闭环了！

点评：罗永浩的直播以其提供的实惠、实在、真诚与舒适的体验而广受好评。其言辞并非空泛的口头承诺，而是能经受住消费者深入思考与推敲的实质性内容。此外，罗永浩展现出的自嘲能力亦令人印象深刻，他并未利用消费者作为调侃对象，与部分主播在粉丝基础增长后，轻率地以粉丝为调侃对象的行为形成鲜明对比。

在直播领域，我们必须深刻理解消费者作为我们核心支持者的地位，如同"衣食父母"般不可或缺。近期，有主播因言辞不当，被公众批评为"讨饭的乞丐却嫌施舍者打赏得少"，这种观念显然是一种误解。首先，直播主播并非乞丐，他们是以直播为媒介进行产品销售的专业人员；其次，消费者并非施舍者，他们支付的款项是基于购买商品或服务的交易行为，而非施舍。因此，我们应建立正确的消费者关系认知，尊重消费者的权益和选择，以诚信和专业的态度提供优质的直播服务。

回归正题，罗永浩的直播适宜作为新晋行业人员观摩与学习的对象。在他的直播过程中，罗永浩不仅为"阿里云"产品进行了推介，也运用了通俗易懂的语言，为受众提供了深入浅出的科普。这场直播充分展现了罗永浩作为主播的个人魅力、专业素养、专业知识储备以及卓越的交际能力，为受众呈现了一场全面而精彩的直播体验。

实际上，在直播带货这一领域，主播们赢得众多受众的喜爱和追捧，靠的就是专业素养、知识储备、交际能力和个人魅力。尤其是被誉为明星主播，例如，罗永浩，更是在引领行业潮流与发展的直播行业中独领风骚。

主播作为直播领域的杰出代表，其扎实的专业素养至关重要。这既涵盖了对直播内容的深入理解和研究，也包含了相关技巧与能力的掌握。例如，游戏主播需精通各类游戏玩法与技巧，为受众带来精彩的解说与体验；而化妆主播则需掌握丰富的化妆技巧和产品知识，为受众提供专业建议与指导。这些主播通过展现自身实力，赢得了受众的认可与信赖。

除了专业素养，主播们还需具备广泛而深入的知识储备。在直播过程中，受众常常会提出多样化的问题和疑惑，主播们需要迅速而准确地予以回应。这就要求他们拥有广博的知识、敏锐的观察力，以及快速捕捉受众需求和兴趣点的能力，从而为直播间内的消费者提供宝贵的资讯与建议。

良好的沟通能力是主播们不可或缺的技能。在直播中，他们需要实时与受众互动，做到有问必答、有评必答、有反馈必答。为此，主播们需具备清晰流畅、富有感染力的语言表达能力，以生动有趣的表达方式吸引受众兴趣。同时，他们还需善于倾听、了解受众需求与想法，与受众建立良好的互动关系，进而增强彼此间的信任与依赖。

主播们的个人魅力同样是脱颖而出的关键。他们的形象和气质在他们的直播事业中具有深远的影响。一位独具魅力、极具亲和力的主播，往往能吸引更多受众的关注与喜爱。因此，主播们需注重自身形象气质的塑造，来通过穿衣打扮、谈吐举止彰显个性魅力。同时，他们还需以良好的心态面对各种挑战与困难，保持积极乐观的态度。

## 第二节 幕后英雄：团队角色深度解析

直播团队应是一支充满活力且专业化的团队，其中每位成员都需拥有独特的专业技能，并各自扮演不可或缺的角色，来共同推动直播活动的成功。以下是直播团队中各角色的深入剖析。

（1）主播。作为直播的核心人物，其重要性已在先前的讨论中详细阐述，故此处不再赘述。

（2）运营团队。作为直播活动的关键支持力量，他们承担着策划、组织和管理的重要职责。运营团队负责制订富有吸引力的直播方案，并精心安排直播时间，以吸引更多消费者的参与。同时，他们还应擅长管理直播间，以确保直播过程的顺畅和有序，并为受众带来良好的观看体验。一场直播活动的成功与否，往往取决于运营团队是否能够充分发挥其专业技能，实现预期的直播效果。

运营团队与主播紧密合作，以确保直播内容既有趣又富有价值，并让受众沉浸其中。此外，他们还负责对直播数据进行深入分析，识别热门环节和需要改进的地方，并据此优化直播策略，使直播活动更加异彩纷呈，直播带货商品更加符合消费者需求。因此，直播活动的转化率和用户满意度的提升，离不开运营团队在幕后的辛勤付出。

（3）直播领域内的另一位"幕后英雄"是技术团队。他们肩负着直播平台搭建与维护的重要职责。对于直播团队而言，与单打独斗的主播相比，技术团队不可或缺。他们能确保每一场直播的顺畅进行，保障直播画面的清晰度与流畅性，是直播质量的坚实守护者。技术团队成员需对各类直播设备有深入的了解，遇到技术问题时能迅速解决，确保直播正常进行。同时，他们还需时刻关注直播平台的更新与升级，努力提升直播的用户体验，让每位消费者都能沉浸在精彩的直播世界中。

（4）主播助理的角色在直播团队中至关重要。众所周知，一些优秀主播身边的助理同样出色。优秀的助理能够成为主播的得力助手，而非仅限于传递产品或举牌等简单任务。单打独斗的主播往往难以兼顾直播间网友的提问，而一个有洞察力的助理则能迅速回应网友的反馈与疑问。因此，在直播团队中，主播助理占据着举足轻重的地位。

（5）后勤人员。作为直播活动的坚实后盾，他们在幕后默默付出，承担着物流、客服、财务等关键且细致的工作。他们确保了我们的直播产品能够准时、安全地送达每一位消费者手中，并致力于为消费者提供卓越的售后服务。

这些后勤人员全面服务于整个直播团队，无论是商家的货物管理、直播间销售货物的配送，还是直播过程中产生的成百上千的快递处理，以及与商家相关的财务结算等，他们事无巨细，尽职尽责。虽然他们的工作成果不直接体现在直播效果上，但却对直播间消费者的后续评价和是否愿意持续追随主播产生深远影响。

设想一下，主播辛勤努力地推销一款产品，承诺买一大赠两小，然而由于后勤人员在工作中的疏忽，只发送了买一大赠一小的商品给消费者。消费者往往不会将责任归咎于后勤人员，而可能会直接给予主播负面评价。

一句"吃亏上当就一回"可能会让消费者对主播失去信任，甚至导致主播粉丝的流失。此类情况并非未曾发生，因此后勤岗位与主播这一核心岗位同等重要。

总体而言，直播团队中的每位成员均扮演着至关重要的角色，唯有众志成城，方能共同呈现出一场卓越非凡的直播。每位团队成员都要充分发挥其专业知识与技能，实现紧密无间的协作，共同为直播活动的圆满成功贡献力量。

直播的辉煌成就，并非仅归功于前台的主播，幕后的团队同样具有举足轻重的地位。尽管这些"幕后英雄"鲜少在镜头前亮相，但在直播活动的圆满完成中，他们凭借卓越的专业能力和辛勤付出，为直播提供了坚实的支撑。他们虽为直播背后的无名英雄，但同样值得我们尊敬，为他们所作出的贡献喝彩。

## 第三节　主流直播平台，你pick哪一个

在当今日益繁荣的数码时代背景下，直播平台如雨后春笋般不断涌现，为用户提供了丰富多样的娱乐互动体验。然而，面对市场上琳琅满目的选择，如何做出最合适的直播平台决策成为许多用户面临的难题。此决策过程需基于个人的需求和喜好进行深入考量。以下，我们将对几大主流直播平台进行简要分析，旨在帮助用户做出明智的取舍。

1. 淘宝直播：潮流聚集地

淘宝直播，作为阿里巴巴旗下的重要直播平台，依托其深厚的电商底蕴和庞大的用户群体，已然蜕变为潮流文化的交汇中心。该平台通过多元化的互动形式及明星代言策略，积极促进着潮流文化的蓬勃发展，吸引了众多知名品牌和时尚领军人物的加入。

在淘宝直播的平台上，用户不仅能够欣赏到潮流秀场、新品发布的精彩瞬间，以及明星互动的娱乐体验，还可直接参与购买，实现观看与购买的即时转换。淘宝直播以其强大的品牌影响力和丰富的时尚资源，为用户提供了一个全面、便捷的潮流体验平台，使用户在了解时尚潮流的同时，也能轻松完成心仪商品的选购。

2. 抖音直播：短视频带货新势力

抖音，作为短视频领域的领军企业，凭借其卓越的内容创新能力和庞大的用户基数，已在短视频带货领域崭露头角，成为一股不可忽视的新锐力量。抖音巧妙地将短视频的媒体特性与直播的交互性相融合，将商品陈列、分享体验与娱乐互动融为一体，为用户带来了前所未有的购物体验。

抖音的核心优势在于其直观生动的短视频形式。主播们通过短视频的方式，在吸引用户关注的同时，能以直观、生动的方式向用户展示商品的特性和使用效果，从而能有效激发用户的购买欲望。在直播过程中，用户可深入了解产品的细节，感受其实际使用效果，并直接在直播间下单购买，实现了购物与娱乐的无缝衔接。

抖音直播的带货效果得益于其精准的用户定位和先进的算法推荐。抖音平台根据用户的兴趣、行为等信息，精准推送符合其需求的直播内容，利用先进的数据分析和机器学习技术，有效提升了用户与商品的匹配度。

这种个性化的内容推荐方式，使用户更有可能接触到自己感兴趣的内容，从而提高了商品的转化率。

此外，抖音还充分利用社交力量，增强了用户的购物体验。在直播间里，用户可以与其他受众进行经验交流、分享购物心得，形成了独特的社群氛围。这种社群氛围不仅提升了用户的归属感和信任感，也对商品的传播和销售起到了积极的推动作用。

同时，抖音直播积极引入品牌商家和网红主播，成功打造了一批具有影响力的带货IP。这些IP不仅吸引了大量粉丝的关注和互动，更使抖音直播的带货能力和商业价值得到了显著提升。

综上所述，抖音直播为短视频带货领域注入了新的活力。展望未来，随着技术的不断进步和市场的不断扩大，抖音将为用户提供更多优质、便捷、有趣的购物体验，并在短视频领域扮演更加重要的角色。

3.快手直播：接地气的带货王者

快手直播在带货领域已取得了显著成绩，它的成功归因于其独特且贴近生活的内容以及庞大的用户基础。快手直播精心呈现了丰富多样的生活场景，深入挖掘并展示了草根文化和民间才艺，使用户能够在此平台上近距离感受真实生动的民俗风情，领略别具一格的才艺风采，从而赢得了广大用户的深切关注。

快手直播的接地气内容吸引了大量用户前来。在此平台上，用户可欣赏到来自四面八方的主播们分享的生活点滴，他们各展所长，无论是烹饪技巧、手工艺制作，还是田间劳作，均成为快手直播的热门内容。主播们的表现令人瞩目，这些真实、贴近生活的直播内容为用户带来了强烈的亲切感，仿佛置身其中。

除了内容接地气外，快手直播还注重用户间的真实互动。用户可在直播间与主播实时交流，分享自己的经验与见解，主播亦会根据用户需求不断调整直播内容。这种真实的互动使快手直播成为一个充满活力、充满温情的社区。

快手直播的趣味性和互动性融入了地域文化、民间才艺等元素。主播们展示的各种独特的才艺表演，与当地特色文化相结合，丰富了直播内容，吸引了更多用户的关注。地域文化的融入也使快手直播更具地域特色，使用户能更好地理解和感受不同地域的文化魅力。

快手直播带货的效果同样显著。在直播间内，用户不仅可以观看主播分享的商品使用心得、生活技巧等内容，还可直接购买商品。这种边看边买、边学边买的购物方式极大地提升了用户的购买意愿。同时，快手直播还通过优惠券、限时优惠等营销手段进一步刺激了用户的购买欲望。

4.京东直播：品质生活的首选

京东直播，作为京东集团旗下的直播电商平台，已成为消费者追求品质生活的首选渠道。依托京东集团深厚的电商底蕴、严格的品质管控和专业的服务团队，京东直播致力于为消费者提供高品质商品和卓越服务，让购物过程充满乐趣。

京东直播对入驻的商家和商品会进行严格筛选，以确保所有上架商品均具备优质可靠的品质。平台汇集了众多在各自领域技术领先、经验丰富的知名品牌和优质供应商，为消费者提供了多样化的购物选择。

平台上的专业主播通过详细介绍和演示商品，帮助消费者深入了解产品的特性和优点。他们凭借丰富的产品知识和背景，能够准确生动地传递商品信息，使消费者对商品的质量和性能有更直观的认识，从而做出更明智的购买决策。

除了商品展示外，京东直播还提供丰富的优惠折扣和专属服务。在直播间内，消费者可以享受个性化导购和售后服务，同时享受到比传统购物更具竞争力的价格。这些优惠与服务不仅提升了消费者的购物体验，也提高了他们对平台的信赖度和忠诚度。

京东直播的优势在于其精准的用户画像和个性化的推荐算法。平台通过对用户购物数据、行为习惯等信息的收集和分析，为每位消费者构建了精准的用户画像。基于这些画像，平台能够向消费者推荐更符合其需求和喜好的商品，从而提升购物的精准度和满意度。

此外，京东直播还注重用户与主播之间的交互和沟通。消费者可以在直播间实时与主播互动，提出问题和需求。主播们会及时回应和解答消费者的疑问，这就增强了用户与平台之间的情感联系。

京东直播通过其强大的电商基因、品质保证、专业主播介绍、优惠折扣和专属服务、精准的用户画像和个性化推荐算法以及良好的用户交互和沟通等多方面的优势，为消费者提供了优质的购物体验。这些优势不仅提升了直播效果，也促进了直播带货商品销售额和直播间数据转化率的提高。未来，京东直播将继续发挥在电商领域的优势，不断创新和优化服务，为更多消费者带来更便捷、更愉悦的购物体验。

5. 拼多多直播：性价比带货天堂

拼多多直播以其卓越的性价比，为消费者呈现了一个极具吸引力的购物平台。作为消费者心目中的高性价比代表，拼多多通过其独特的社交电商模式，进一步巩固了这一地位。拼多多直播精准把握消费者需求和市场趋势，将性价比极高的商品和服务精准展现，使追求性价比的消费者无法抗拒其魅力。

在拼多多直播中，主播们热情洋溢地分享商品使用心得，并通过性价比大比拼，让消费者直观感受到产品的价格优势。此外，拼团、砍价等多样化的优惠活动更是为直播间增添了无限乐趣，使消费者欲罢不能。

拼多多直播带货的魅力远不止于此。其创新的社交电商模式极大地激发了消费者的购买欲和分享欲，让参与的消费者沉浸其中，无法自拔。更值得一提的是，它让购物过程通过社交互动和用户评价变得更加有趣和生动，极大地提升了消费者的购物体验和满足感。

因此，对于有志于直播带货的新人而言，选择直播平台时需深入了解其风格特色。在决策过程中，平台的稳定性、流畅性以及互动性等因素应当作为重要考量因素。稳定流畅的平台能显著提升受众的观看体验；而互动性强的平台则有助于促进粉丝、主播以及直播间内其他消费者的有效沟通。此外，确保个人信息安全与隐私保护至关重要，要务必关注平台的隐私保护政策及信息安全措施。

综上所述，在挑选主流直播平台时，应全面考量多个维度，如平台特点、制度友好性以及服务完善性等。只有选择最适合自己的平台，方能发挥个人优势与特长，为受众呈现精彩的直播内容。同时，正确的平台选择也将为个人发展带来更为广阔的空间。

# 第四章
# 直播避坑宝典：雷区勿踏

　　直播带货虽热，但亦潜藏风险。首先，消费者应避免盲目跟风，网红推荐的产品未必符合个人需求。其次，面对商品价格时，消费者应保持警惕，通过比较价格后再购买，这是更为理性的选择。更为关键的是，消费者应细致审查商品详情，以免被商家过度夸大的宣传所误导。同时，详细了解退改签政策也是至关重要的，这将有助于减少因售后服务所带来的困扰。在直播平台上，主播更应保持理智，须为消费者提供真实、准确的信息。

## 第一节 直播操作手册：规范操作，拒绝"翻车"

在直播领域，不乏"失误"案例，且其背后的原因各异。从一些顶级网红主播的经历中，我们可见其中不乏因各种因素导致的"失误"现象。尽管这些"失误"都以类似的方式呈现，但各自背后的原因却大相径庭。

"翻车"现象中，淘宝百万粉丝主播"默默 mo7"尤为显著。该主播在粉丝基数达到百万级别时，其直播间主要售卖迪奥、香奈儿、圣罗兰、路易威登、卡地亚等知名品牌和奢侈品牌的产品。与市场上的奢侈品牌形成鲜明对比的是，"默默 mo7"以"物美价廉"为卖点，吸引了大量消费者。

然而，2020 年 8 月，"默默 mo7"（廖某）及其直播团队因涉嫌违法行为被警方带走。经调查，廖某等 6 人以直播团队的形式，与"ADOL 直白轻奢定制""ADOL 直白高级定制""BLINGBLING 卜莉卜莉""创昇服饰""创昇 DC 工作室 2 店""Z 市安妮珠宝"等店铺合作，通过电商平台直播销售假冒迪奥、香奈儿、博柏利、思琳、圣罗兰、路易威登、卡地亚、劳力士、宝格丽等品牌的服装、饰品、手表等商品，销售金额高达近 70 万元。

另一知名主播辛巴在同年也遭遇了"糖水燕窝"事件。辛巴作为拥有上千万粉丝的顶级主播，其直播收入可达亿元级别。然而，在 2020 年 10 月的一次直播中，辛巴团队主播推荐的"即食燕窝"被消费者质疑为"是糖水而非燕窝"，引发了广泛争议。辛巴随后在直播中展示多罐新燕窝，并出示了产品检验报告以证明清白。

然而，经过"职业打假人"王海的深入调查并出具检测报告后，辛巴所售的即食燕窝被证实为"糖水"。经过广州市市场监督管理局调查，责令涉事直播间的开办者和商品品牌方停业违法行为，并处以罚款。值得注意的是，辛巴在"糖水燕窝"事件后，基本未再出现类似的违法行为。

直播带货主播若涉及售假卖假，必然会面临"翻车"的严重后果。这种"翻车"并非偶然失误，而是触犯了法律法规。对于具备基本法律知识和道德素养的主播而言，他们应当深知售假卖假的严重性，并避免涉足此类违法行为。

和"默默 mo7"一样触及法律的"翻车"，还有薇娅。其实，在2021年年底，有心人就会发现，在直播界"呼风唤雨"的带货一姐薇娅好像突然销声匿迹了。在此之前，她不仅参加综艺节目录制，而且还被某省领导亲自接见。风风光光一个人，怎么就突然销声匿迹了呢？

经浙江省杭州市税务局稽查局严格审查，确认网络主播黄薇（网名薇娅）在2019年至2020年采用隐匿个人收入等手段涉嫌偷逃税款共计6.43亿元，并存在其他少缴税款0.6亿元的情况。据此，税务部门已依法决定对其追缴税款，并加收滞纳金，同时处以罚款，总计金额达13.41亿元。随后，薇娅在多个平台（包括微博、淘宝直播、抖音、快手等）的账号均被依法封禁。

在直播带货领域，因逃税漏税问题而引发公众关注的网络主播并非个案，然而，作为直播带货界的知名人士，薇娅的情况尤为引人注目。

另外，李佳琦的"失误"虽未涉及法律层面，却触及了广大消费者的心理底线。

在李佳琦的直播过程中，他推介了一款售价为79元的花西子眉笔。有网友提出质疑，认为价格偏高。对此，李佳琦直接回应网友质疑，言辞较为激烈，表示："此价格并未上涨，请勿随意揣测。"并进一步指出："有时，或许应该反思自身，多年来薪资是否有所增长？是否付出了足够的努力？"

正是后一句言论，引发了网友的广泛不满。新华报业网援引部分网友评论，指出李佳琦的言论似乎流露出对普通消费者的轻视与嘲讽，如"你挣着普通人的钱，到头来却嘲笑他们贫穷"和"现在当了老板，就开始瞧不起打工族了"。

此次"翻车"事件对李佳琦的公众形象造成了显著影响，其粉丝数量在短时间内大幅下降了约1000万。这并非因为消费者过于敏感，而是李佳琦在表达过程中未能充分考虑到消费者的感受，忽略了与消费者之间的情感联系，从而导致了这一不良后果。

这些直播带货界资深主播的失误，对于初入直播行业的新人而言，无疑是一次重要的警示。为确保直播的顺利进行，避免类似的"意外"发生，我们需重点关注以下几个方面。

（1）务必在充分准备后进行直播。这涵盖了选择适宜的直播平台、确保工具设备的稳定运行及网络连接的顺畅，以及为直播内容和互动环节制订周密的计划。此举旨在防范直播过程中可能出现的技术故障。

（2）维持良好的形象，并在直播过程中做到言行一致。作为主播，其外在形象及言谈举止将直接影响受众的观感和体验。因此，在保持礼貌热情、积极与受众互动的同时，亦需确保直播背景的整洁。

（3）直播内容的规范性和质量亦需高度关注。直播内容必须严格遵守平台规定及法律法规，应杜绝低俗、违规或侵权内容。同时，主播应对直播内容进行精心策划，要确保信息的准确性、真实性，以避免对受众产生误导或不良影响。

（4）直播结束后，需要及时进行反馈总结。主播需要客观评价直播表现，找出不足之处并加以改进。同时，亦需重视受众的反馈和建议，以便对直播策略和内容进行及时调整，以满足受众的需求和期待。

总之，主播应确保直播活动的顺利进行并规避潜在风险，以规范运作的方式在直播行业中占据举足轻重的地位。从开播前的全面准备到直播结束后的细致总结，直播操作手册详尽地指导了直播过程中的各个环节，并提供了宝贵的建议。为了保证直播流程的流畅性和连贯性，主播们应深入理解并严格遵守这些规范。例如，在开播前，主播需确保直播设备的正常运转，并对摄像机和话筒的位置进行精细调整，以呈现最佳的直播效果。此外，主播在直播过程中应审慎言行，以避免给受众带来不良体验。

另外，主播们应致力于提高直播质量。直播的优劣不仅体现在画面的清晰度与音质的优劣上，主播的专业素养和互动能力也同样是构成直播质量的关键因素。主播应持续提升专业素养，熟悉直播平台的操作技巧，并灵活运用各种直播手段增强直播的趣味性和互动性。同时，主播们也应积极回应消费者提出的问题和反馈，并通过有效互动提升受众的参与意识和归属感。

## 第二节 抖音直播"老司机"指南

作为一位经验丰富的直播主播,在抖音等直播平台上,应当在避免潜在风险的同时,深入了解和掌握直播中的关键要素。这些要素不仅有助于吸引和维持受众的关注,还能够有效促进直播内容的传递和互动,从而优化直播效果。

1. 了解并遵守平台规则

在选定一个平台后,遵循该平台的规定是每位主播应尽的责任。主播在入驻平台时,必须对直播的各项规章制度进行全面了解并严格遵守。这些规章制度包括内容规范、广告条款、版权保护以及赠品规则等。其中明确规定,在直播过程中,主播必须避免发布任何违法、淫秽、暴力、低俗或侮辱他人的不良内容。同时,未经授权,不得擅自进行广告宣传或对他人知识产权造成任何侵害。此外,主播还需以诚信为本,不得以欺诈手段诱导受众赠送虚拟礼品或采用不正当手段欺骗消费者,应充分尊重并保护消费者的合法权益。实际上,无论主播选择入驻哪个平台,都将在以上方面受到相应的约束和监管。

2. 提高直播内容质量

吸引受众的核心在于直播内容的品质。作为资深主播,确保直播内容的趣味性和合规性是至关重要的,这需要具备精准选择话题和内容的能力。

同时，坚守诚信原则，杜绝传播虚假信息，维护直播内容的真实性和客观性，也是不可或缺的一环。为了进一步提升直播的吸引力，可以巧妙地运用封面、标题和开场等元素，将受众带入直播所需的场景，并结合热点和故事等元素，增强直播的趣味性，进而提高受众的留存率。

3. 增强与受众的互动

在直播的运作过程中，与受众的有效互动是提升直播效果的关键环节之一。为了增强受众的参与感，可以通过设计一系列富有趣味性的环节，或者采取如抽红包、抽福袋等简洁而高效的方法，直接促进直播间的互动。此外，当收到受众赠送的礼物时，务必要表达诚挚的谢意，这不仅能够提升受众对直播的好感度，还能为直播间营造更加积极、热烈的氛围。

4. 注意个人形象与场地准备

在直播的呈现过程中，主播的形象与直播场地的准备情况均构成关键影响要素。主播们在维护个人良好气质与出色表达能力的同时，妆容应呈现干净自然的特质，着装则需整洁大方，以树立专业且亲和的形象。此外，直播现场应确保信号稳定，画面质量能达到高清晰度，并保持环境的明亮整洁，以给受众提供更为优质、流畅的观看体验。

5. 制订并精准执行直播计划

对于直播领域的资深从业者而言，制订并精准执行直播计划是至关重要的。这看似复杂，其实不然，它的关键在于精心准备直播"脚本"。直播脚本作为规划直播的蓝图，有助于确保直播的连贯性和感染力得以持续。同时，应依据受众的反馈和建议，不断对直播计划进行调整和优化，以满足受众的需求和期待。

总之，作为资深直播从业者，需要深入了解和严格遵守平台规则，致力于提高直播内容的质量,增强与受众的互动,并关注个人形象和场地准备。制订并精准执行直播计划,是持续学习和完善的必要直播技巧。只有如此,才能有效吸引并留住更多受众,从而在抖音直播平台上脱颖而出,见图4-1所示。

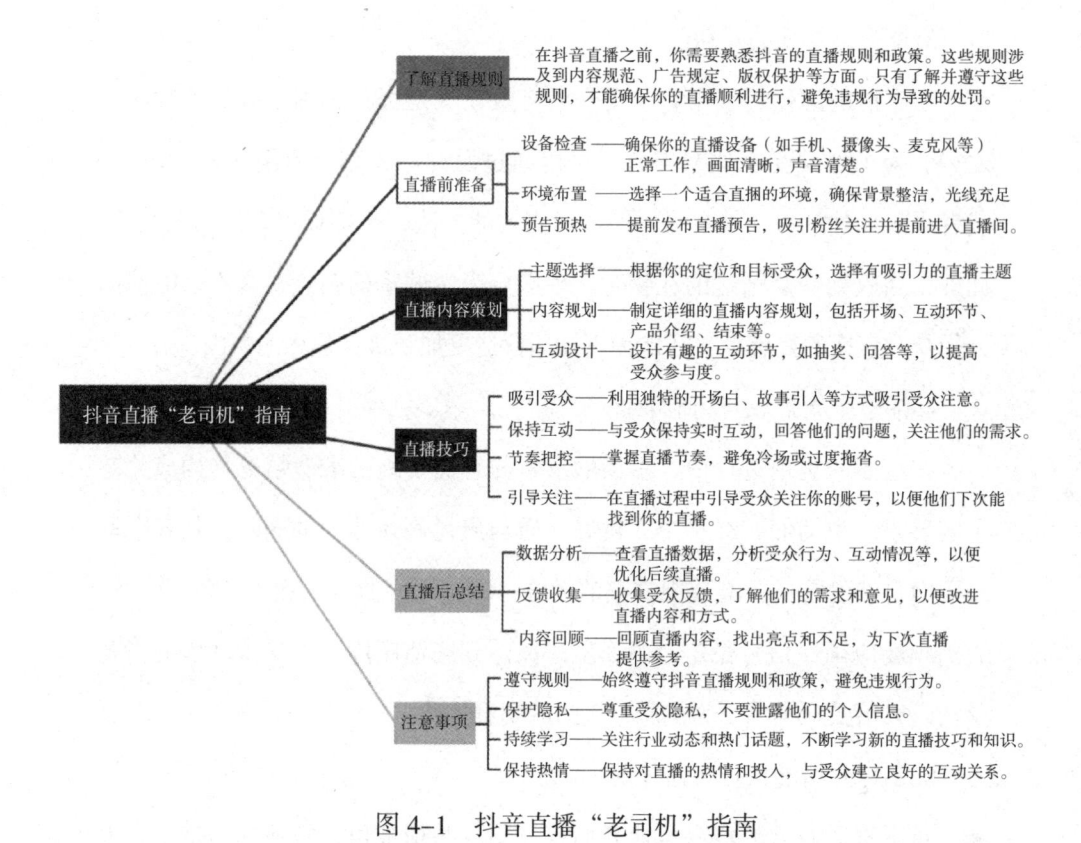

抖音直播"老司机"指南

- 了解直播规则——在抖音直播之前,你需要熟悉抖音的直播规则和政策。这些规则涉及到内容规范、广告规定、版权保护等方面。只有了解并遵守这些规则,才能确保你的直播顺利进行,避免违规行为导致的处罚。
- 直播前准备
  - 设备检查——确保你的直播设备(如手机、摄像头、麦克风等)正常工作,画面清晰,声音清楚。
  - 环境布置——选择一个适合直播的环境,确保背景整洁,光线充足。
  - 预告预热——提前发布直播预告,吸引粉丝关注并提前进入直播间。
- 直播内容策划
  - 主题选择——根据你的定位和目标受众,选择有吸引力的直播主题。
  - 内容规划——制定详细的直播内容规划,包括开场、互动环节、产品介绍、结束等。
  - 互动设计——设计有趣的互动环节,如抽奖、问答等,以提高受众参与度。
- 直播技巧
  - 吸引受众——利用独特的开场白、故事引入等方式吸引受众注意。
  - 保持互动——与受众保持实时互动,回答他们的问题,关注他们的需求。
  - 节奏把控——掌握直播节奏,避免冷场或过度拖沓。
  - 引导关注——在直播过程中引导受众关注你的账号,以便他们下次能找到你的直播。
- 直播后总结
  - 数据分析——查看直播数据,分析受众行为、互动情况等,以便优化后续直播。
  - 反馈收集——收集受众反馈,了解他们的需求和意见,以便改进直播内容和方式。
  - 内容回顾——回顾直播内容,找出亮点和不足,为下次直播提供参考。
- 注意事项
  - 遵守规则——始终遵守抖音直播规则和政策,避免违规行为。
  - 保护隐私——尊重受众隐私,不要泄露他们的个人信息。
  - 持续学习——关注行业动态和热门话题,不断学习新的直播技巧和知识。
  - 保持热情——保持对直播的热情和投入,与受众建立良好的互动关系。

图4-1 抖音直播"老司机"指南

以上是一份详尽的抖音直播"老司机"指南,旨在为有志于涉足直播行业的新手提供有益参考。请注意,直播是一项需要持续学习与实践的活动,唯有不断自我完善与创新,方能吸引更广泛的受众群体,进而实现事业的成功。

## 第三节　直播细节控：不可忽视的运营小贴士

直播的核心在于对细节的把控。在竞争激烈的直播领域中，那些能够脱颖而出的主播，无一不是对细节有着极高的关注和把控的。以下我们将深入探讨直播过程中，不同阶段所涉及的关键细节如图4-2所示。

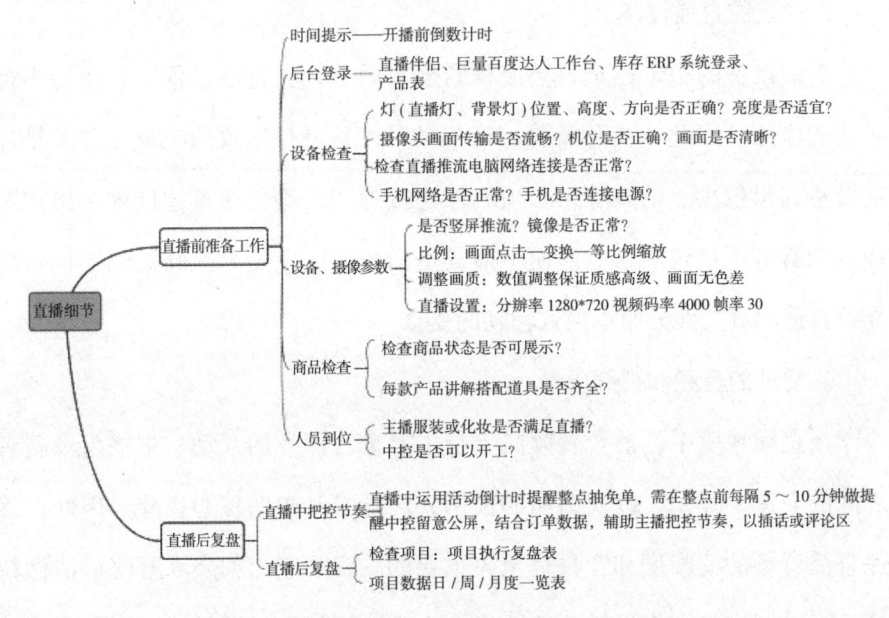

```
直播细节
├─ 直播前准备工作
│   ├─ 时间提示——开播前倒数计时
│   ├─ 后台登录——直播伴侣、巨量百度达人工作台、库存ERP系统登录、产品表
│   ├─ 设备检查
│   │   ├─ 灯（直播灯、背景灯）位置、高度、方向是否正确？亮度是否适宜？
│   │   ├─ 摄像头画面传输是否流畅？机位是否正确？画面是否清晰？
│   │   ├─ 检查直播推流电脑网络连接是否正常？
│   │   └─ 手机网络是否正常？手机是否连接电源？
│   ├─ 设备、摄像参数
│   │   ├─ 是否竖屏推流？镜像是否正常？
│   │   ├─ 比例：画面点击——变换——等比例缩放
│   │   ├─ 调整画质：数值调整保证质感高级、画面无色差
│   │   └─ 直播设置：分辨率1280*720 视频码率4000 帧率30
│   ├─ 商品检查
│   │   ├─ 检查商品状态是否可展示？
│   │   └─ 每款产品讲解搭配道具是否齐全？
│   └─ 人员到位
│       ├─ 主播服装或化妆是否满足直播？
│       └─ 中控是否可以开工？
└─ 直播后复盘
    ├─ 直播中把控节奏——直播中运用活动倒计时提醒整点抽免单，需在整点前每隔5～10分钟做提醒中控留意公屏，结合订单数据，辅助主播把控节奏，以插话或评论区
    └─ 直播后复盘
        ├─ 检查项目：项目执行复盘表
        └─ 项目数据日/周/月度一览表
```

图4-2　直播细节知识导图

根据以上思维导图，我们展开具体来说一下在直播过程中比较重要的细节。

1. 优质的直播环境

直播内容诚然是受众瞩目的焦点，然而，与之相辅相成的直播环境亦不容忽视。正如佳肴需配佳器，一道精致的水晶虾球若置于精美简约的盘碟之上，其美味自会倍增；反之，若随意置于洗菜盆，其美感则会大打折扣。

因此，直播环境在吸引消费者进入直播间并维持其停留意愿上，扮演着至关重要的角色。一个焕然一新、熠熠生辉的直播现场，无疑能为受众带来令人眼前一亮的第一印象。同时，在选择直播环境和背景时，亦需审慎考虑，避免杂乱无章的元素干扰主题，以确保受众能够一眼识别直播间的核心卖点，同时享受到一场视觉盛宴。

2. 稳定的直播设备

直播设备的稳定性是直播流程的坚实后盾，在直播过程中发挥着不可或缺的作用。因此，在开播前，请务必对设备进行细致的检查。尤其是外接设备如摄像头、话筒等，必须确保连接稳固，避免在直播过程中出现断线或杂音等不稳定因素。即便主播具备出色的应变能力，此类问题仍可能导致直播间流失部分原本兴致勃勃的受众。

3. 清晰的音频和视频质量

在直播环境中，消费者倾向于与主播进行深入的互动。主播与消费者之间的交流、互动，以及商品的推销，声音是其中的核心媒介。因此，确保直播音频的清晰度和音量是至关重要的。音频应当如泉水叮咚般清澈悦耳，音量则应如同春风拂面般适中宜人。这样的音频质量能够显著提升消费者在直播间的体验感受。在直播开始之前，进行一次测试录音是明智之举，以确保音频和视频的质量均能达到最佳状态，从而让消费者在观看直播时既能看得畅快淋漓，又能听得心满意足。

#### 4. 合理安排直播时间

选择合适的直播时段，是确保直播间活跃度的重要策略之一。我们需深入理解目标受众的需求和习惯，以确定他们最愿意观看直播的时间段。以带货小零食的主播为例，若产品定位为上班时的能量补充食品，建议在工作时间段开播。尽管这是工作时间，但购买零食的消费者在办公室环境下，更容易与主播产生共鸣。若主播能精准把握消费者在工作中的需求和情感，激发其购买欲望，消费者将迅速下单。

此外，直播时长也需要精心策划。过短的直播时间可能无法达到预期效果，而过长的直播时间则可能导致主播疲劳且效果递减。例如，尽管有主播尝试连续直播 12 小时，但直播间的受众数量可能并未达到预期。因此，建议设定一个合理的直播时长，并根据直播效果进行灵活调整。

具体而言，若预计直播 3 小时，但实际效果远超预期，可以考虑适当延长直播时间。相反，若直播 1 小时后受众数量锐减，建议主播适时结束直播，并对本次直播进行反思和总结，以便优化后续的直播策略。

#### 5. 互动与反馈

直播的吸引力核心在于其实时互动的特性。作为主播，我们必须时刻保持对受众评论和反馈的密切关注，要如同在寻觅宝藏般寻找那些充满趣味的小创意、引人入胜的话语，或是受众反复强调的自身关注点。在捕捉到这些信息后，我们需迅速作出反应，直接给予消费者回馈，或是灵活调整直播内容，以确保每位受众都能获得丰富的观赏体验。此外，我们还可以引入小游戏、提问和投票等互动环节，以激发消费者的参与热情，进一步提升直播间的活跃度和吸引力。

### 6. 数据分析与优化

直播结束之际，应再次启动数据"大侦探"行动，对消费者行为进行深入剖析。要详细探究消费者的喜好、互动模式，尤其是聚焦于本次直播的消费者购买数据等关键信息。通过数据分析，我们期望洞察受众的内心需求与期待，进而据此调整和优化直播内容。

细节把控详细内容如表4-1所示。

表4-1 细节把控详细内容

| 主播直播细节把控 |
|---|
| 1.主播、助播应注重仪表，化妆上播，不得素颜、油腻。 |
| 2.主播、助播服装和造型应干净、整洁，符合品牌调性，不得过于随意。 |
| 3.主播直播中应注意不要走光，避免违规；避免穿低胸、深V、裸露文身。 |
| 4.主播工作时应严格按照标准化直播脚本进行。 |
| 5.主播上一场复盘的问题在下一场直播时必须整改到位。 |
| 6.主播上播不能情绪化，要时刻保持积极的状态面对粉丝。 |
| 7.当日直播主推产品及活动需要重点引导。 |
| 8.主播应聚焦产品，避免被粉丝带节奏。 |
| 9.主播讲解福利款的时间不能过长，需严格按照脚本规定时间执行。 |
| 10.主播的促销信息宣传必须准确。 |
| 11.主播和粉丝互动时要有亲和力。 |
| 12.主播应避免被粉丝评论带着走，破坏自己的讲品节奏。 |
| 13.主播应态度友善，不得和粉丝吵架抬杠。 |
| 14.主播避免直播中途离场，如需离场，离开时中控顶场节奏需和主播保持一致。 |
| 15.敏感词注意用拼音代替，别用AABB叠词。 |
| 16.倒计时环节主播需注意语气状态，保持亢奋急迫。 |
| 17.各时段主播、中控交接时要交接明确数据、样品。 |
| 18.主播换场交接时需为下位主播进行话术引导。 |
| 19.直播结束时主播要预告下场直播时间、内容要点。 |
| 20.主播不得延迟上播、提前下播。 |
| 21.主播有义务在非工作时段保护好嗓子，以避免影响下场上播状态。 |

续表

| 直播间模块管控 |
|---|
| 1.开播前中控需要检查网络、电力、设备、样品及小店链接。 |
| 2.开播前主播、中控应沟通好交流手语,准备好各种颜色带字提示牌,以提高信息传递效率,实现快速信息流通。 |
| 3.开播前中控需将灯位设置正确,参数设置提前调好,来保持氛围合适,并让背景和主体层次分明。 |
| 4.开播前中控要调整好机位,保证主播主体构图好看,并确定产品展示距离镜头位置,沟通主播卡好点。 |
| 5.开播前中控需设置好账号正确开播时间、直播封面、直播话题。 |
| 6.开播前中控要参考对标直播间设置好banner图、贴图,并注意放置位置,不得遮挡主播、商品。 |
| 7.中控应注意检查购物车商品描述的促销信息是否准确,不能误导粉丝。 |
| 8.主播直播时应注意保持产品展示排列造型,以保持产品展示好看。 |
| 9.主播讲解产品时中控要及时更换讲解弹窗、贴图,以保持同步进行。 |
| 10.主播和中控要注意发放优惠券节奏,并利用大额优惠券引导粉丝停留、等待。 |
| 11.更换主播时,中控应及时根据上场主播调整机位、滤镜参数。 |
| 12.中控要负责操作气氛组进行正向引导,合理当托儿。 |
| 13.直播间不得超过5秒没有声音,主播、中控应及时活跃气氛、讲解产品、和受众互动。 |
| 14.直播运营要根据直播脚本流程紧盯全场直播节奏,以保持整场直播按脚本进行。 |
| 15.直播运营需及时注意短视频数据、成交数据、投放数据、支付信息、互动弹幕等维度的实时变化,并及时调整产品、节奏、互动等策略。 |
| 16.直播运营要根据主播状态做好直播排期,以保证主播能以最佳状态上下播。 |

总之,直播细节的精准把控对于提高直播质量和消费者体验具有至关重要的意义。作为直播从业者,必须在直播环境、设备配置、音视频品质、数据分析与优化等方面给予高度关注与持续优化,并科学合理地安排直播时间,以增强互动性和获取及时反馈。通过这些措施,就能够有效地吸引更多消费者进入直播间,并促使他们持续参与直播互动。对于新入行的直播从业者而言,只有如此,方能在竞争激烈的直播行业中崭露头角,实现个人与品牌的双赢。

# 第五章
# 直播带货：从0到1的全链路秘籍

在直播带货的领域中，选品是至关重要的环节。鉴于直播带货所涵盖的商品种类繁多、品质各异，如何精准地筛选出品质优良、价格合理、性价比高的商品，无疑是检验一支直播团队选品能力的关键指标。

从选品到售后，构成了直播带货的完整流程，尽管看似仅有简单的三个步骤，但实际执行起来却颇具挑战性。尤其是对于初入直播带货领域的新手主播，如何从零开始，融入这场直播的浪潮，是本章节内容的核心内容。我们将全面、系统地阐述从选品到售后的每一个环节，以及从拿货到发货的详细流程，旨在让即便是单打独斗的新手主播，也能对直播带货的全貌有清晰的认识和把握。

## 第一节　揭秘篇：电商直播，你了解多少

电子商务直播，作为近年来迅速崛起的新型商业模式，在全球范围内引发了广泛关注。其不仅为消费者带来了更为直观和更强互动性的购物体验，同时也为商家提供了更为广阔的销售渠道和高效的市场推广手段。

在互联网普及之前，电视直播带货已具雏形。许多受众可能还记得某些卫视频道在特定时段播放的保健品、康复仪器等广告。随着电视频道的增加，专门的电视购物频道应运而生。资料显示，1992年，广东省的珠江频道率先播出了中国大陆首个购物节目。随后，1996年，大陆首个专业的购物频道——北京BTV正式开播，至今已拥有24年的发展历程。

电视购物频道的主持人以其出色的口才和表现力著称，他们运用夸张的表情、语气和动作，生动形象地推销各类产品。当时，消费者需通过电话订购，并前往邮局完成汇款，随后通过邮政系统将产品送达消费者手中。

电视购物的显著特点在于其价格往往听起来比市场同类商品更为优惠。在直播过程中，常常由两位主持人默契配合，其中一位以激昂的语调宣称："采用八星八箭的精湛工艺，价格并非三四千元，更非一两千元，而是仅需998元，仅售998元！"另一位主持人则在旁附和，赞叹道："这颗钻石如此硕大璀璨！""性价比极高，实在难得！""受众们，还在犹豫什么呢？请

立即拨打我们的订购热线，抢购心仪的商品吧！"

当前的直播带货形式，在实质上与电视购物有诸多共通之处。

例如，受众往往被主播的口才和能力吸引，且产品价格普遍低于市场价，因此具有较高的性价比。然而，由于产品质量参差不齐以及售后服务的不足，电视购物的声誉日益下降。

近年来，受疫情影响，直播电商的发展势头强劲，其未来趋势亦逐渐明朗。然而，其背后的运营机制、策略及深远影响却鲜为人知。因此，接下来，我们将从多个维度来对直播电商的起源、发展及其背后的逻辑进行深入剖析。

直播电商的兴起可追溯至网络直播的普及时期，当时网络直播已成为人们获取信息、休闲娱乐的重要途径，这得益于互联网技术的不断进步。一些具有前瞻性的商家开始尝试将直播与电商相结合，来探索新的商业模式。

随着智能手机和移动互联网的普及，电子商务直播得到了快速发展和壮大。特别是近年来，5G、AI等新一代信息技术的迅猛发展，为电商直播在画质、交互、智能推荐等方面带来了显著提升，进一步提升了用户的购物体验。

下面就来看看电商直播的运营机制有哪些。

（1）流量获取：电商直播的成功与否，在很大程度上依赖于其获取流量的能力。商家需通过社交媒体推广、与网红/明星的合作，以及举办各类优惠活动等多元化手段，来吸引广大消费者观看直播。

（2）内容生产：消费者是否愿意在直播间驻留，关键在于直播内容的质量。为此，商家应组建专业的主播团队，制定具有吸引力的内容策略，以确保直播内容能够长时间吸引消费者观看并参与互动。

（3）商品展示：主播在直播过程中，需对商品进行详尽的展示与介绍，以帮助消费者全面了解商品的特性、功能以及使用方法。同时，主播还应积极与消费者互动，通过回答消费者问题、提升购买意愿等方式，增强消费者的购买决心。

（4）交易环节：直播平台为消费者提供了便捷的购物渠道，使消费者在观看直播的同时，可直接下单购买心仪的商品。因此，商户应确保交易过程的顺畅与安全，以保障消费者的权益。

（5）直播带货的售后服务同样至关重要。为提高消费者的满意度和忠诚度，商家需提供完善的退换货政策、质量保证服务以及专业的客服支持。

在电商直播迅速崛起的同时，它也对商家、消费者乃至整个电商行业产生了深远影响。

对于商家而言，电商直播开辟了新的销售路径，它不仅降低了成本，还助力了商家构建独特的品牌形象，增强了市场竞争力，显著提高了销售效率。例如，面对日益严峻的线下市场形势，一家儿童服装品牌尽管拥有众多实体店，但销售额却持续下滑，甚至就连旗舰店也面临着关闭的困境。在此情境下，商家选择通过电商直播来销售积压的库存。在直播过程中，主播凭借出色的表达能力和互动技巧，短短 3 小时即成功销售出上千件童装。这场直播的销售额远超过了线下门店一年的业绩，充分展现了电商直播的巨大潜力。

对于广大消费者而言，直播带货不仅提供了一种随时随地选购心仪商品的便捷方式，而且在一定程度上满足了消费者的多样化需求。在某些情况下，消费者购买的可能是生活中的必需品；而在另一些情境下，购买的则是蕴含深厚情感的物品。消费者热衷于通过直播购买商品，既源于对这种购物方式的内心认同，也源于对线下店铺高昂成本导致的高售价的理性认识。尽管电商平台提供了丰富的商品选择，但受限于图文或视频的展示方式，消费者在购物过程中可能难以获取即时、详尽的信息。相比之下，直播购物使得消费者能够直接与主播交流，针对疑惑即时提问，从而更高效地做出购买决策。

无论是商家，还是消费者，电商直播都已成为当前首选的交易模式。电商直播的蓬勃发展不仅推动了电商生态的多元化发展，而且对行业创新和变革起到了积极的推动作用。

然而，电商直播也面临诸多挑战。如何有效吸引更多流量、提高直播内容的质量、优化用户的购物体验以及确保交易的安全性等问题亟待解决。同时，随着电商直播市场竞争的日益激烈，商家为满足用户需求和适应市场变化，必须在运营模式和服务体系上不断创新和升级，以保持竞争力。

最后，我们展望一下将会在电商直播发展中呈现出来的几个优势。

1. 内容创新与质量提高

在日益激烈的电商直播市场竞争中，对于内容的创新和质量把控将显得尤为重要。主播们将逐渐摒弃单一依赖低价促销的策略，转向寻求定制直播等更为多元化的内容形式，以增强直播的趣味性和观赏性。同时，为了维护消费者的信任，对产品介绍的精确度和真实性也将提出更高的要求。

2. 技术升级与智能化发展

展望未来，电商直播领域将借助更前沿的技术手段，实现更加智能化的发展趋势。具体而言，通过深度应用人工智能与大数据分析技术，电商平台将能够显著提升用户黏性与转化率，并确保对符合用户个性化兴趣的直播内容进行更为精准高效的推送。同时，随着虚拟现实（VR）、增强现实（AR）等技术的广泛应用，用户将享受到更加身临其境、沉浸式的电商直播购物体验。这些创新举措无疑将推动电商直播行业迈向更加成熟、高效的发展阶段。

3. 跨界合作与产业链整合

电商直播正积极寻求与其他行业广泛的跨界合作，以期共同塑造出更为多元和丰富的消费场景，此举无疑极具发展潜力与前景。具体而言，通过与旅游、娱乐等行业的深度融合，推出具有鲜明本地特色的直播内容，以吸引更多消费者的关注。同时，为满足消费者日益增长的需求，电商直播将进一步整合产业链资源，优化供应链管理，致力于提高产品质量和分销效率。

4. 社交属性增强与社群运营

在电商直播的演进中，主播与受众的交流互动将日益频繁和深入，从而进一步巩固和强化其社交属性。为了促进这一趋势，平台将采取社群运营策略，积极鼓励主播构建个人化的粉丝社群，以增强用户黏性和忠诚度。同时，受众也将通过直播平台结识更多志同道合的伙伴，形成更为紧密和稳定的人脉网络。

5. 监管加强与规范化发展

随着直播电商市场规模的持续扩张，监管力度亦将相应加大。针对电商直播行业的成长，政府将制定更为严格的规范，旨在维护消费者权益并确保市场公平。同时，为确保直播内容合规、满足消费者需求，相关平台将强化自我监管，建立更为完善的审核与处理机制。

未来电商直播的发展将呈现多元化趋势，包括内容创新、技术升级、跨界合作、社交属性增强以及规范化发展等。这些趋势将共同推动直播电商向更优质、更便捷的消费体验迈进，从而进一步促进该行业的健康稳定发展。

综上所述，电商直播作为一种新兴的商业模式，正深刻改变着人们的购物方式和消费习惯。通过对其运行机制、影响、挑战及未来发展趋势的深入剖析，我们能够更加全面地理解和把握这一行业。

## 第二节　选品篇：选品策略，决胜千里的关键

选品环节在业务运营中占据着至关重要的地位。

在电子商务领域，要想独占鳌头，掌握并灵活运用选品策略，无疑是取得成功的关键所在。

1. 深入了解目标用户

在市场竞争日益激烈的背景下，制定精准的选品策略对商家或品牌至关重要。其中，对目标用户的深入洞察尤为关键。这不应仅仅局限于了解用户的年龄、性别等基本信息，而应当从地域分布、职业特性、购买力水平、消费习惯等多个维度进行详尽的分析。

对于用户的年龄和性别，需细致剖析其背后的消费逻辑。不同年龄层和性别的消费者，其消费观念与购买需求往往大相径庭。例如，年轻人群可能更倾向于追求时尚新颖的产品，而中老年消费者则可能更注重产品的实用性与性价比。在购物决策中，男性消费者往往关注产品的性能与质量，

而女性消费者则可能更看重外观设计与使用体验。

同时，地域差异亦不可忽视。受文化、气候、经济发展水平等因素影响，不同地区的消费者展现出了不同的消费习惯与需求。例如，北方消费者可能更偏好保暖性能出色的产品，而南方消费者则可能更注重产品的透气性与轻便性。此外，职业特性也会在一定程度上影响消费者的购买决策。

因此，在制定选品策略时，首要任务是对目标用户进行全面而深入的剖析。这需要我们从用户的年龄、性别、地域、职业、购买力及消费习惯等多个角度进行综合分析。通过这一详尽的分析过程，我们能够更准确地把握消费者的需求与喜好，从而选出更具市场竞争力的产品，以满足目标用户的多元化需求。

2. 注重产品品质和质量

在选品策略的制定过程中，产品质量占据着举足轻重的地位。优质产品不仅能够显著提升消费者的购物体验，更是提高用户忠诚度的关键因素。因此，在选择产品时，我们必须审慎考量其质量、性能、耐用性以及安全性等多维度指标，以确保所选产品能够符合既定的质量标准，并能够满足广大消费者的期待与需求。

3. 独特性和差异化

在电商这个竞争激烈的市场，吸引用户的关键在于独特性和差异化。要选择那些既有独特之处，又具有比较明显优势的产品，这样才能在市场上一枝独秀。同时，还能增加产品的唯一性和稀缺性，通过专属定制、限量发售等方式吸引更多的用户。

4.基于销售数据和用户反馈进行分析

在构建选品策略的过程中,历史销售数据和用户反馈扮演着至关重要的角色。通过对这些数据进行深入且系统的分析,我们能够精准把握市场动态,从而识别出哪些产品当前备受欢迎,哪些产品具备显著的销售增长潜力,以及哪些产品存在潜在的问题或挑战。这些基于数据的洞察,能为我们提供宝贵的参考依据,使我们能够适时调整选品策略,优化产品组合,进而推动销量的稳步提升。

5.考虑产品的时效性和季节性

鉴于部分产品,如节日用品和应季服装,具有显著的时效性和季节性特征,因此在制定选品策略时,应全面考量这些要素。为确保产品能够在最佳时机呈现给消费者,我们必须对产品的上架时间及销售周期进行周密且合理的规划。

6.成本和利润分析

在构建选品策略的过程中,成本与利润分析占据着举足轻重的地位。为确保企业盈利能力,我们需对各类产品的成本及预期收益进行详尽的剖析,以确保所选产品的成本控制在合理范畴内。此外,为进一步提升利润空间,我们亦可通过价格策略的调整以及供应链的优化等手段,有效降低成本,进而实现利润的最大化。

7.与知名品牌或独特品牌合作

在提升直播的整体信誉度及吸引消费者的关键策略中,与知名品牌建立稳固的品牌合作关系至关重要。这一举措旨在通过强强联合,增加整体销量,并进一步提升用户满意度。同时,此举还能推动具有显著品牌溢价及卓越口碑效应的产品问世,从而进一步巩固直播平台的市场地位。

8. 考虑产品搭配销售

搭配销售作为提升客单价和销量的重要手段,对于满足用户多样化需求具有显著作用。在制定选品策略时,我们需深入考量服饰搭配、化妆品套装等产品间的互补性,并通过精准合理的搭配策略,来进一步提升客单价和销量。

总之,一个有效的选品策略需全面考量目标用户群体、产品质量保障、产品的独特性、历史销售数据、市场时效性、成本利润分析、品牌合作机会以及搭配销售策略等多重因素。只有将这些关键因素综合权衡,我们才能制定出在激烈电商直播竞争中脱颖而出的策略。

## 第三节　布局篇:产品布局,打造完美直播生态

产品布局在直播生态建设中占据着核心地位,其具体实现涵盖价格布局和产品款式布局两大方面。

首先,我们需明确"价格布局"的概念。它并非指产品价格的无序排列,而是经过精心设计的策略。一般而言,我们采取的是 10% 的高价产品,以彰显品牌价值和高端定位;70% 的中间价格产品,作为满足大众消费需求的主力军;20% 的低价产品,用以吸引价格敏感型消费者。大部分消费者在购买决策时,更倾向于选择价格适中、性价比高的中间价位产品。

因此,在各个直播间的销售数据中,我们可以观察到,价格适中、符合消费者预期的产品往往销量最为可观。例如,在皮草直播间中,尽管高

端皮草制品价值连城,但受限于消费者接受度,其销量可能并不理想;而价格适中、款式新颖的服饰产品,则能够在直播过程中实现大量销售。同时,极低价格的产品亦鲜有人问津,因为消费者普遍认同"一分钱一分货"的消费观念。

其次,在直播活动中,价格的策略性设置和产品款式的精心布局皆至关重要。具体而言,直播间的产品构成应至少涵盖50%的常青款式,以维持消费者对于经典款式的持续兴趣;同时,30%的新品应作为本次直播的核心推介,以凸显其独特性和吸引力;剩余的20%则应为高流量款式,虽非主要推荐对象,但能为直播间增添亮点和话题性。

此种产品款式布局旨在向消费者传达"直播间产品种类繁多,且各具特色"的观看感受。在直播电商领域,产品布局的重要性不言而喻。它不仅有助于提升用户的购物体验,进而增强用户黏性,而且还能有效促进销售转化率的提升,为直播生态的持续健康发展奠定坚实基础。

一场精心策划的产品布局,不仅对于提升用户购物体验、增强用户与品牌的黏性、促进销售转化等方面具有显著作用,还为直播电商生态的良性发展提供了强有力的支撑。

从用户体验的角度出发,合理的产品布局使用户在浏览商品时能够更为便捷地进行选购。通过科学的分类、排序、陈列,用户能在减少时间成本的同时,轻松找到感兴趣的商品并进行搜索和筛选。同时,美观清晰的页面设计也增强了消费者的视觉体验,提升了购物的愉悦感。

在增强用户黏性方面,产品布局同样具有重要意义。通过持续优化产品布局,消费者能够在浏览过程中不断发现新的商品,从而保持对直播电商平台的持续关注和兴趣。这种黏性的增强不仅有助于提升用户的复购率,还能进一步扩大平台的用户群体，吸引更多新用户的加入。

综上所述，直播电商领域产品布局的重要性不容忽视。一个优秀的产品布局能够为直播电商生态的持续发展奠定坚实基础，显著提升用户黏性并促进销售转化。因此，对于直播电商平台而言，不断优化和完善产品布局应是一项持续不断的工作。

## 第四节　团队篇：超强团队，携手并进的力量

在直播电商的繁华舞台上，一支稳健而强大的团队是推动整个生态持续繁荣的核心力量。该团队不仅仅要具备深厚的专业技能，更要以灵动如精灵般的姿态，来为直播电商世界注入源源不断的活力与创新。在机遇与挑战并存的环境中，他们紧密协作，携手共进，共同书写着直播电商的辉煌篇章。

1.团队构成与角色分工

在构建一支高效的直播团队时，必须确保其涵盖主播、运营、选品、客服以及技术支持等多个关键角色与功能。每位团队成员都扮演着不可或缺的角色，他们凭借各自的专长与技能，共同构筑起一个全面且完善的直播生态体系。主播作为核心，负责吸引并维系受众群体的注意力；运营团队则承担活动策划与推广的职责；选品团队负责精心筛选并推荐优质商品；客服团队则专注于解答用户咨询，并收集反馈意见；而技术支持团队则致力于确保直播的稳定性和流畅性，为整个直播过程提供坚实的技术保障。

2. 协作与沟通

在直播过程中，队员之间的配合与交流具有举足轻重的地位。为确保信息传递的及时性和准确性，需建立高效的沟通机制。当面临挑战与困难时，队员间需相互鼓励，齐心协力，以共同克服难题。直播活动的顺利进行及目标的成功实现，均依赖于队员们之间的紧密合作与有效沟通。

3. 培训与成长

一支卓越的团队同样需要不断锤炼与成长。在市场和用户需求持续演变的背景下，团队成员必须不断深化专业知识与技能的学习与完善。为增强团队的凝聚力与整体实力，应积极促进成员间的知识互通和经验交流，可以通过定期的培训活动、分享会议及深入讨论，来提升整个团队的综合能力和竞争力。

4. 团队精神与文化

一支实力雄厚的直播团队，同样需要独特的团队精神和别具一格的文化作为支撑。这种精神和文化能够增强队员们的归属感与使命感，进而激发他们为共同目标不懈努力的热情。这可以通过日常团队建设活动，来培养和塑造出团结、和谐、积极向上的团队氛围。

直播领域的竞争激烈，团队实力亦在不断演变与增强。因此，对于最新的团队发展动态和业绩表现，建议大家持续跟踪行业趋势。

在直播领域中，董宇辉的新团队"与辉同行"尤为引人注目。该团队在直播内容的制作与呈现上展现了高度的专业性和卓越品质，其内容覆盖美食、旅游、文化等多个领域，深受消费者喜爱。它的直播方式生动有趣，富有感染力，为受众带来了独特的观赏体验。在董宇辉的领导下，团队以丰富的创新思维，打造了一系列备受期待的精彩节目。

"与辉同行"团队在内容创新上不遗余力，追求精益求精，并勇于尝试多样化的直播形式。通过问答、抽奖、投票等互动方式，增强了受众与团队的黏性。同时，团队积极与知名主播、明星合作，不断扩大其影响力，实现了更广泛的覆盖。目前，"与辉同行"已拥有超过550万的粉丝，成为直播领域的一匹黑马，充分展示了在该领域的雄厚实力。

　　综上所述，"与辉同行"团队凭借优质的内容制作、创新的直播形式和广泛的合作网络，在直播领域取得了显著成绩，成为一支实力强劲、备受瞩目的团队。这一成就的取得，源于每一位团队成员的专业素养和合作精神，以及他们共同拥有的独特团队文化和精神内涵。

## 第五节　脚本篇：三段式脚本，带货的魔法武器

　　在直播电商的舞台上，脚本扮演着至关重要的角色，它不仅能确保直播过程的流畅无阻，还能精准地把握消费者的心理，产生强大的吸引力，如同磁铁般推动带货效果迅猛增长。其中，三段式脚本以其经典的构造方式在直播中展现出了卓越的表现力。这种脚本形式将直播内容精心划分为开头、中间、结尾三个层次，使得直播内容条理清晰、引人入胜，让受众沉浸其中，难以自拔。它如同一座结构严谨的金字塔，稳固而富有力量。

　　三段式脚本是什么？

　　三段式脚本是一种广泛采用的剧本结构形式，它将整个故事或内容巧

妙地分割为开头、中间、结尾三个部分。这种架构不仅有助于创作者更好地组织剧情，还能确保故事的连贯性和感染力，从而有效吸引受众的注意力并引导他们深入体验直播内容。

（1）在故事的开篇，通常会对背景、人物形象及主题等要素进行阐述。此直播舞台的初衷在于吸引受众目光，激发其对故事的浓厚兴趣，为后续的剧情展开埋下伏笔。在开头部分，往往通过设置悬念或冲突，以引起受众的持续关注和好奇。

（2）中篇则是剧本的主体部分，集中展现了故事的主要发展。在这一阶段，人物关系错综复杂，事件进展逐步深入，矛盾冲突不断升级。创作者需精心设计剧情，以确保故事具有一定的张力和吸引力。同时，开篇所设置的悬念也需在中篇中得到解答，以推动故事向前发展。

（3）片尾作为剧本的高潮与收束阶段，将揭示故事主线的核心矛盾，并揭开之前的悬念。在结尾部分，创作者需在保证故事完整性的基础上，给受众留下深刻的印象。这需要创作者对结尾进行精心策划，确保它既符合故事逻辑，又能给受众带来意想不到的惊喜，使受众在观看过程中获得满足与愉悦。

三段式脚本以其结构清晰、易于理解的特点，为创作者提供了把握故事节奏与脉络的有力辅助。这种结构形式亦与消费者的观看习惯相契合，使他们能够迅速沉浸在故事情节中，进而在观影过程中获得愉悦的体验。然而，值得注意的是，三段式脚本有时可能因过度遵循既定模式而显得单调乏味。为了创造出独具特色的作品，创作者在保持结构清晰的同时，还需在创新与个性化方面持续努力。以下，我将详细阐述三段式脚本的具体案例，以期让大家对这一结构形式有更为深入的认识和应用（见表5-1）。

表5-1　案例主题：推广一款名为"智慧宝盒"的智能学习工具

| 第一段：引起兴趣 |
| --- |
| 旁白：在这个信息爆炸的时代，如何让孩子轻松学习，掌握知识？<br>画面：展示孩子们在图书馆、教室里忙碌学习的场景，然后切换到孩子们皱眉、困惑的表情。<br>旁白：别再让孩子为学习而烦恼，我们为您带来了一款神奇的智能学习工具——智慧宝盒！<br>画面：镜头逐渐聚焦在智慧宝盒上，展示其外观和功能特点。 |
| 第二段：展示优势 |
| 旁白：智慧宝盒拥有海量的学习资源，覆盖各个学科和年级，能满足孩子的不同需求。<br>画面：展示孩子们使用智慧宝盒学习，屏幕上出现各种学科的题目和知识点的场景。<br>旁白：它还能根据孩子的学习进度和兴趣，智能推荐相关的学习内容，让孩子学习更高效、更有趣。<br>画面：展示智慧宝盒根据孩子的学习情况，自动调整学习计划，并给出鼓励和建议。<br>旁白：更重要的是，智慧宝盒还有专业的老师在线辅导，为孩子解答疑惑，助力孩子取得更好的成绩。<br>画面：展示老师通过智慧宝盒与孩子进行互动，解答问题的场景。 |
| 第三段：呼吁行动 |
| 旁白：别再犹豫了，赶快让孩子拥有智慧宝盒，开启智能学习的新时代！<br>画面：展示孩子们欢笑着使用智慧宝盒学习的场景，然后切换到购买智慧宝盒的页面或二维码。<br>旁白：现在购买智慧宝盒，还有限时优惠和赠品哦！快来抢购吧！<br>画面：展示限时优惠和赠品的信息，以及购买方式的提示。 |
| 结尾 |
| 旁白：智慧宝盒，让学习变得更简单、更有趣！<br>画面：展示智慧宝盒的logo和品牌口号，随后逐渐淡出。 |

本案例采用三段式脚本结构，旨在精准呈现智慧宝盒的特点与优势，从而有效激发消费者的购买意愿。在实际应用中，脚本内容与表达方式的调整应具有高度的灵活性，以适应不同题材和特定目标受众的需求，进而

实现更优化的效果。

我们再来看一个完整的直播带货三段式脚本示例，见表5-2所示。

**表5-2　案例主题：直播带货三段式脚本**

| |
|---|
| 1.开场引入 |
| 主播（热情洋溢）：亲爱的受众朋友们，大家好！欢迎来到我们今天的直播间！我是你们的主播笑笑，非常高兴能与大家相聚在这里，一起分享好物，享受购物的乐趣！<br>（镜头展示直播间环境，背景音乐轻快活泼）<br>主播：今天，我们为大家精心准备了一系列优质商品，每一件都是精挑细选，绝对物超所值！而且，我们还为大家准备了丰富的优惠活动和惊喜福利，千万不要错过哦！ |
| 2.产品介绍与互动 |
| 主播（拿起第一件商品）：首先，让我们来看看这款爆款商品——菠萝手机！这款手机拥有强大的性能、出色的拍照效果和时尚的外观设计，绝对是性价比之选！<br>（镜头展示手机外观、性能特点等）<br>主播：现在，我们来看看网友们的提问。有网友问，这款手机电池续航怎么样？告诉大家，这款手机的电池续航非常给力，完全能满足大家日常使用的需求！<br>（回答受众提问，进行互动）<br>主播：好的，接下来我们来看看下一款商品。这是一款非常实用的大米智能手环，它可以监测你的心率、睡眠质量，还有多种运动模式可选，非常适合运动爱好者哦！<br>（依次介绍其他商品，结合商品特点与受众互动） |
| 3.结尾促销与呼吁 |
| 主播（兴奋）：时间过得真快，转眼间我们的直播就要接近尾声了。但是，别着急，我们还有最后的惊喜等着大家！<br>（镜头展示倒计时或优惠券等促销信息）<br>主播：现在下单购买我们直播间的商品，都可以享受额外的优惠哦！而且，前100名下单的朋友还有机会获得我们精心准备的小礼品一份！<br>（强调优惠活动，呼吁受众下单）<br>主播：亲爱的受众朋友们，感谢大家今天的陪伴和支持！希望我们的直播能给大家带来愉快的购物体验。如果有任何问题或需要帮助，随时都可以联系我们的客服哦！<br>（结束语，感谢受众，提醒联系方式） |

上述即为直播带货的标准三段式脚本范例。在实际直播过程中，主播

73

们应当基于商品的具体特性及受众的即时反馈，进行灵活而审慎的调整，以确保直播内容具备更高的吸引力与观看价值。

## 第六节　疑难篇：直播挑战，我们如何迎难而上

在直播电商的征途上，我们必须以严谨、稳重的态度面对各种突如其来的挑战与潜在的惊喜。我们的团队需如"超级英雄"般迅速反应，保持理性冷静，以确保直播活动的顺利进行。无论是技术层面的意外小故障，还是受众反应的冷淡，甚至是突如其来的未知状况，我们都应秉持知难而进的精神，以专业的素养和冷静的判断，化解危机，并确保直播活动不受影响。

1.在遇到技术故障时，务必保持冷静，并立即采取备份与快速恢复措施

直播过程中，技术故障作为常见的挑战之一，可能涉及网络连接中断、图片卡顿或音频失真等，对直播效果会产生严重影响。因此，直播团队应预先制订技术备份方案，如配备多个网络连接、备用照相机和话筒等，以确保故障发生时能迅速切换到备用方案，保持直播的连续性。同时，通过与消费者的积极互动，最大限度地减少技术故障带来的影响。

针对设备故障，应采取以下措施。

一是，要迅速区分故障是源于电源还是设备本身，明确故障类型和原因。对于网络设备或路由器故障，可尝试重新启动，以恢复网络连接。

二是，针对动力问题，确保电源稳定性至关重要。建议使用稳压器，避免电源不稳导致的设备重启或断电。

三是，对于网络问题，应检查网络连接是否正常，并在其他设备上关闭不必要的网络应用，以减轻网络带宽负担。在条件允许的情况下，采用有线网络连接以减少无线网络的不稳定性。

四是，还需定期检查设备驱动程序等是否正常安装，对于视频、音频设备或易损部位的故障，应及时更换，以防止对直播造成影响。

建议提前对设备进行检修，确保设备处于良好工作状态，并备好备用器材以应对突发故障。在设备出现故障时，要能迅速切换到备用设备，以确保直播的顺畅进行。

五是，熟悉直播器材的操作方法和使用技巧也是关键，以便在出现问题时能迅速找到解决方案。

六是，若团队无法解决问题，可寻求专业、准确的直播软件解决方案的官方或网络技术支持。

总之，保持冷静、迅速判断问题、采取有效应对措施，是确保直播过程中设备故障得到妥善处理的关键。

2. 针对受众反应冷淡，缺乏互动热情的情况，我们需冷静应对，迅速调整互动策略

消费者若对直播内容缺乏兴趣，自然会导致互动减少。此时，主播应敏锐捕捉消费者反馈，对直播方式作出及时调整。具体而言，可引导消费者参与互动，分享有趣话题，或分享主播的真实经历与故事，以建立情感连接，拉近与消费者的距离。

在直播过程中遭遇受众反应冷淡时，以下方式可供尝试：首先，分析

当前直播内容是否足够吸引消费者，若内容不够吸引人，可考虑调整题目，引入更具趣味性和互动性的内容；其次，增加提问、投票、抽奖等互动环节，使受众更加身临其境，从而提升受众的参与度和被尊重感。在调整过程中，需注意语言表达的清晰度和感染力，语速、语调、用词等均可适当调节，以提升直播的吸引力。

同时，积极回应受众的评价和反馈意见，使其感受到被重视，进而提高其对品牌的忠诚度。受众的冷淡反应有时可能只是暂时的，我们需保持耐心，并持续优化直播内容和表现手法，以期实现更好的互动效果。

3. 在面对突发情况时，必须保持冷静，并依据事先制订的预案进行应对

这些不可预见的突发情况，如自然灾害、政策调整等，可能会对直播电商产生重大影响。因此，团队应提前规划好相应的应对措施，并明确责任分工。在突发状况发生时，团队成员需按照预案迅速行动，以确保直播活动的顺利进行。

同时，团队需密切关注市场动态和政策变化，以便对直播策略和方向进行及时调整。为了应对直播电商中的各种挑战，团队应持续学习和改进，不断总结经验教训，寻找自身的不足和需要提升之处。通过学习和借鉴其他成功团队的经验和做法，来不断提升团队的专业能力和应对挑战的能力。

综上所述，我们需以冷静、灵活的态度面对直播电商中的各项挑战和困难，并不断完善自我。只有这样，我们才能在竞争激烈的市场环境中取得长久的成功与成长。

# 第六章
# 爆款文案：从小白到大师的成长之路

　　从小白成长为文案高手的进阶之路，实则是一段充满挑战与探索的旅程。起初，我们可能对文案创作一无所知，然而，通过不懈的努力与持续的磨砺，我们定能逐步揭开文案创作的奥秘。在这段旅程中，我们将持续收集各类词汇与句式，深入剖析受众的心理需求，并如同探险家一般，敏锐捕捉市场的动态与脉搏。

　　同时，我们必须敢于挑战自我，勇攀创作的高峰，打破传统桎梏，形成独树一帜的文案风格。唯有如此，我们方能创作出令人瞩目的优秀文案，实现从文案新手到行业精英的华丽转身。这段旅程不仅仅是对技能的磨炼，更是对意志与决心的考验。

## 第一节　写作篇：文案方法论，打造吸引人的第一印象

文案不仅承载着信息传递的重要职责，还是情感交流的有效工具。因此，掌握一套高效且实用的文案编写方法，对于迅速吸引目标受众的注意力至关重要。

我们先来看一个文案：

标题：【直播狂欢购，好物带回家】

亲爱的小伙伴们你们好！欢迎大家收看我们直播间今天的节目！我是你的专属导购，将带领您去探寻那些隐藏在荧屏背后的优质好物。

今天为大家精心准备了涵盖美妆、家居、数码、服饰等领域的一系列热卖产品。这几款产品不仅品质出众而且价格亲民，绝对可以满足您每天的各种需要。

首先来看看若生牌粉底液这款备受瞩目的美妆神器。它采用能轻松遮瑕、持久不脱妆的独特配方，使上镜前的肌肤变得光彩照人。不管您是美妆达人还是刚出道的小白都可以很容易地驾驭它。

下面推荐一款大米牌智能家居神器。它既可以播放音乐、查询天气，又可以对家中的电器进行控制，从而让您的生活变得更加方便。而且现在购买还有超值折扣哦！

另外我们直播间里还有很多数码产品等着大家来发现。例如，这款超薄平板不仅拥有时尚的外观，而且性能十分强劲，无论是办公还是娱乐都可以轻松应对。

最后还有一系列潮服等你来买！无论您是上班族，还是学生党，这些设计独特、风格多样的服装都能让您找到适合您的那一款。

各位小伙伴今天直播时间有限，机不可失。快来参加吧！尽情享受这场饕餮盛宴！更多优惠活动等您来参与，别忘了关注我们的直播间哦。让我们在直播间里发现更多的好物让生活变得更精彩吧！

以上就是一篇直播文案，接下来，我们分析一下直播文案。

在直播活动中，文案扮演着至关重要的角色，其每一句话、每一段内容均承载着明确而重要的使命。文案不仅旨在激发受众的兴趣，更在无形中塑造着品牌形象和氛围。以下是对直播文案中每一段文字的用意进行的详细解析。

第一段，开场引导。直播的初始文案是精心设计的开篇指导，旨在迅速吸引消费者的目光，并引导他们进入直播的情境之中。通过简短的寒暄、轻松幽默的语调或直接抛出引人好奇的话题，这段文案致力于拉近主播与消费者之间的距离，为后续内容奠定坚实基础。

第二段，背景介绍。在背景介绍阶段，文案详细展示了直播活动的来龙去脉，包括活动目的、背景资料、参与人员等。此举旨在使消费者对直播主题和内容有更深入的了解，从而增强他们对直播活动的认同感。

第三段，产品/内容展示。产品或内容的展示是直播文案的核心部分，其详细、直观、真实的体验描述旨在激发受众的购买兴趣。这段文案通过全面展示产品的特点、优点和使用方法，来使受众对产品有更全面的了解。

第四段，互动环节设计。为了增强直播的趣味性和互动性，文案中通常会设计互动环节。该段文案鼓励受众积极参与，并通过提问、抽奖、投票等方式与主播进行互动，从而加深受众对直播内容的记忆和认识。

第五段，优惠促销信息。对于商业性质的直播活动而言，优惠促销信息是必不可少的一环。该段文案向受众传达了明确的优惠政策，如购买产品或服务可享受的折扣、赠品、限时优惠等，旨在激发受众的购买欲望，促进销售目标的达成。

第六段，结尾总结与感谢。直播文案的最后一段通常是对整个直播活动的概括和感谢。这段文案向受众表达了诚挚的感谢和祝福，并对直播活动进行简要的回顾和总结。通过真诚、正面的祝福，此文案旨在提高受众的满意度和忠诚度，为接下来的直播活动奠定良好基础。

实际上，每一段直播文字都有其特定的目的和效用。这些文字共同构建了一个全面且条理清晰的直播内容框架，旨在为受众带来愉悦、畅快且富有深度的直播体验。

文案的深意我们在上述进行了分析，其实对于直播团队而言，写一篇直播文案还需要注意以下几点。

（1）明确目标受众至关重要。通过深入了解目标受众的需求、兴趣爱好和阅读习惯，我们能够在文案的语言和风格上作出精准的调整，以确保文案能与读者之间产生情感上的共鸣。

（2）标题的设定不可或缺。一个精心设计的标题能够迅速捕获消费者的注意力，并激发他们的好奇心。因此，我们需要在标题中精准提炼文案的核心卖点，运用修辞手法，以确保标题既简洁有力又富有创意。

（3）文案的开头部分应当引人入胜。通过故事化的叙述方式提出问题并制造悬念，能够迅速吸引消费者的关注。同时，文案的语言应力求简明扼要，避免冗长复杂的句子结构。

（4）文案应具备清晰的逻辑架构。通过合理安排文段和版面，来确保信息传递的条理性和流畅性。此外，恰当运用排比、对比等修辞手法，可以增强文案的节奏感，提升其感染力。

（5）在文案中融入情感共鸣点至关重要。我们需要深入挖掘产品或服务的内在价值，并结合受众的情感需求，使文案在传递信息的同时也能触动读者的内心，从而实现与读者情感上的沟通。

总之，要创造出能够吸引读者的第一印象，就需要在文案写作中围绕吸引人的标题、引人入胜的开头、情感共鸣点和清晰的逻辑结构进行精心构思。只有这样，才能写出能够引发读者深入理解、产生共鸣的优质文案。

## 第二节　吸睛篇：怎样让用户一秒爱上你的视频

在数字内容浩如烟海的时代背景下，如何让您的视频作品脱颖而出，成为用户在众多选项中的首选，这不仅仅是每位创作者所追求的成就，更是考验每位创作者心理洞察力与持续创意能力的关键所在。成功的视频制作不仅仅依赖于技术层面的精湛技艺，更依赖于创作者对受众心理的深刻洞察和源源不断的创意灵感，见表6-1所示。

表6-1　视频脚本

| |
|---|
| 【带货视频脚本】 |
| 1.开场白/引导语 |
| 镜头缓缓打开，背景音乐轻快地响起。 |
| 主播（笑容满面）："大家好，欢迎来到我们的直播间！我是你们的好朋友筱阿姨，今天给大家带来一款绝对值得拥有的好物——[产品名称]！这款产品可是近期市场上的热门爆款，无论是自用还是送人，都是极好的选择哦！" |
| 2.产品特点介绍 |
| 镜头切换至产品特写。 |
| 主播："首先，我们来看看这款产品的外观设计。它采用了[设计特点]，不仅外观时尚，而且手感极佳。更重要的是，它的性能也非常出色。拥有[核心功能/性能特点]，可以满足你日常的各种需求。" |
| 3.使用效果展示 |
| 主播开始现场演示产品的使用方法。 |
| 主播："现在我来给大家展示一下如何使用它。首先……看，是不是非常简单呢？而且，使用后的效果也是立竿见影，无论是[具体使用场景]还是[另一使用场景]，都能带来非常棒的使用体验。" |
| 4.用户评价分享 |
| 屏幕上展示一些用户好评截图。 |
| 主播："当然，好东西总是经得起考验的。我们来看看之前购买过的用户是怎么评价的吧！'用了之后真的爱上了，效果太棒了！''性价比超高，推荐给大家！'看到这些评价，是不是更加心动了呢？" |
| 5.价格优惠说明 |
| 主播拿起价格牌展示。 |
| 主播："那么，大家最关心的价格问题来了。这款产品在市面上的原价是999元，但今天在我们的直播间，有特别的优惠价！只要399元，就可以把它带回家！是的，你没听错，就是这么实惠！" |
| 6.购买渠道提示 |
| 屏幕上出现购买链接或二维码。 |
| 主播："想要购买的宝宝们，可以点击屏幕下方的购买链接，或者扫描屏幕上的二维码进行购买哦！数量有限，先到先得！" |

续表

| |
|---|
| 7.限时优惠提醒 |
| 主播神情紧张地看向镜头。 |
| 主播："哦对了,我还要提醒大家,这次的优惠活动是限时的!所以如果你喜欢这款产品,就千万不要错过这个机会哦!错过了今天,可能就要等很久了!" |
| 8.结束语/呼吁购买 |
| 主播挥手告别。 |
| 主播："好了,今天的直播就到这里啦!希望大家都能抢到心仪的产品,享受它给你带来的美好生活。如果你有任何问题,随时都可以联系我们的客服哦!下次直播再见啦,大家晚安!"<br>这样的脚本结构清晰,内容丰富,既介绍了产品,又展示了使用效果,还结合了用户评价,同时还给出了优惠信息和购买渠道,最后还有限时优惠提醒和结束语,非常适合作为带货视频的脚本使用。 |

在编写视频直播脚本时,为确保内容能够迅速吸引并留住用户,以下细节需特别关注。

(1)黄金开头,前三秒至关重要。一个引人入胜的开场,无论是有趣的场景、震撼的视觉效果还是扣人心弦的提问,都应当迅速捕捉用户的注意力。创作者应精准展现视频的核心亮点,迅速激发用户的兴趣和探索欲望。

(2)内容与主题要高度一致。视频内容与主题的紧密匹配是维持用户兴趣的关键。创作者在录制前需明确视频主题,并确保所有内容均围绕该主题展开,以避免因内容偏离主题而导致用户失去兴趣。

(3)独特视角与创意。在信息过载的时代,独特的视角和创意是吸引用户的关键。创作者需从不同角度思考问题,为用户提供新颖的视听体验,并不断探索新的表达方式。同时,创造力是区分平庸与优秀的关键,只有不断创新,才能持续吸引用户的注意力。

(4)高品质制作。在内容为王的同时,高品质的制作同样重要。清晰流畅的画面、恰到好处的配乐等都能提升用户的观看体验。创作者应确保每一部作品都能为用户带来最佳体验，并不断提升自身的制作水平。

（5）情感共鸣。优秀的视频往往能够触动人心，引发情感共鸣。创作者需深入挖掘生活中的点滴细节，将情感融入视频，使用户在观看的过程中产生共鸣，从而更加认可并喜爱你的作品。

综上所述，若想使您的视频迅速获得用户的青睐并成为忠实粉丝，那么就要做到视频内容具备独特的视角和创意，且注重情感的营造和共鸣，确保视频内容尤其是视频内容的前三秒能抓住用户的心，让用户喜爱。

## 第三节  黏性篇：让用户欲罢不能的文案秘诀

在信息时代的浪潮中，如何使您的文案如同一块强大磁石，深深地吸引用户的目光，使他们在您的文字世界里沉浸不已，这是每一位文案创作者追求的核心要义。接下来，我们将探讨一个短视频带货脚本的范例，它主要运用了"情感共鸣"的手法，进行故事化的叙述，来实现更好的传播效果，见表6-2所示。

表6-2　直播视频脚本

| 开场： |
| --- |
| 主播（温暖微笑，面向镜头）："大家好，我是筱阿姨，今天我想与大家分享一个特别的故事。这是一个关于爱、关于陪伴，也关于我们即将介绍的一款产品的故事。" |
| 故事开始： |
| 主播："在一个寒冷的冬日，小丽下班后独自走在回家的路上。天空飘着雪花，虽然她裹紧了围巾，但依然难以抵挡刺骨的寒风。那一刻，她突然想起了小时候妈妈为她织的温暖围巾，那时的她，无论走到哪里都感到温暖如春。" |

续表

| 情感共鸣： |
|---|
| 主播："我相信，每个人的心中都有这样一段温暖的回忆。或许是一件妈妈的旧毛衣，或许是一双爸爸亲手做的布鞋。那些物品，或许并不昂贵，但承载了家人的爱和关怀，是我们心中最宝贵的财富。" |
| 产品引入： |
| 主播："今天，我要为大家推荐的，正是一款能够唤醒您心中那份温暖回忆的产品——[产品名称]。它采用了高质量的材料，结合了传统工艺和现代设计，不仅外观时尚，更能给您带来如家人般的呵护和温暖。" |
| 产品演示： |
| 主播（展示产品）："大家看，这款[产品名称]的细节做得非常用心。它的质地柔软，穿在身上仿佛是妈妈拥抱你。而且，它的保暖效果也非常出色，无论是寒冷的冬天还是春秋的早晚，它都是您最佳的伴侣。" |
| 情感结束： |
| 主播："有时候，我们追求的不只是物质的满足，更多的是那份情感的寄托。希望大家在选择这款产品时，不仅是因为它的实用性，更是因为它带给您的那份家的温暖和回忆。" |
| 结尾： |
| 主播："好了亲爱的朋友们，如果您也被这个故事所打动，不妨为自己或心爱的人选择一款[产品名称]吧。让爱和温暖，伴随我们每一个寒冷的时刻。下次直播再见！" |

上面是故事化陈述的脚本案例，我们再来看一个场景故事带货脚本的案例，见表6-3所示。

**表6-3 场景故事脚本**

| 开场： |
|---|
| 镜头对准一位穿着朴素但气质非凡的乡村老者，背景是一片绿意盎然的田野。 |
| 旁白："在这片充满生机的土地上，流传着一个关于自然与纯净的故事。今天，我要带大家走进这个故事，体验那份来自大自然的馈赠。" |
| 故事引入： |
| 画面切换至老者手持一把锄头，正在田间劳作。 |
| 老者（微笑着说）："很多年前，我的祖辈们就在这片土地上辛勤耕耘，他们用双手和汗水种出了这一片片绿油油的庄稼。那时候，没有化肥，没有农药，只有对土地的敬畏和对自然的感恩。" |

续表

| |
|---|
| 产品特点介绍: |
| 镜头转向田间的某种作物——比如一种特色的农作物。 |
| 旁白:"今天,我要给大家介绍的,就是这种传承了祖辈们智慧与汗水的作物——[产品名称]。它生长在无污染的土地上,吸取大自然的精华,每一颗都蕴含着纯净与健康。" |
| 老者(手捧作物):"看,这就是我们的[产品名称]。它的颜色多么鲜艳,颗粒多么饱满。每年到了收获的季节,我们都会精心挑选最优质的果实,为的就是让每一位品尝到它的人,都能感受到那份来自大自然的馈赠。" |
| 使用效果展示: |
| 画面展示一些家庭围坐在一起,享用由这种作物制成的美食。 |
| 旁白:"不仅如此,[产品名称]还可以制作出各种美味佳肴。无论是熬汤、煮粥还是直接食用,都能让你品尝到大自然的味道。" |
| 用户评价分享: |
| 屏幕上展示一些用户购买后的评价截图。 |
| 旁白:"看看这些来自真实用户的评价吧。'口感鲜美,味道醇正,真的是我吃过的最好的[产品名称]!''一直想买纯天然的农产品,终于找到了,感谢卖家!'" |
| 价格优惠说明: |
| 老者再次出现在镜头前,手中拿着一些包装好的产品。 |
| 老者:"为了让更多的人品尝到这份来自大自然的馈赠,我们特地准备了一批优惠的[产品名称]。原价XXX元1斤,现在限时优惠价只需YYY元!而且前100名购买的顾客,还将获得我们精心准备的小礼品1份!" |
| 购买渠道提示: |
| 屏幕上显示购买链接或二维码。 |
| 旁白:"想要品尝这份来自大自然的馈赠吗?赶快点击屏幕下方的购买链接,或者扫描二维码购买吧!数量有限,先到先得哦!" |
| 结尾 |
| 老者站在田间,背对夕阳,挥手告别。 |
| 老者:"感谢大家的支持,希望你们都能品尝到这份来自大自然的馈赠,感受到那份纯净与健康。下次再见!"<br>镜头渐渐拉远,画面淡出。 |

这部精心策划的故事脚本，不仅凭借其引人入胜的叙事手法吸引了受众的注意，更巧妙地将产品特性、使用效果、用户评价及优惠信息融入其中，使受众在享受故事的同时，对产品产生了浓厚兴趣与购买欲望。通过对上述示例文案的深入剖析，我们可以总结出成功文案的共性特征如下。

（1）采用故事化叙述，触动情感共鸣。人类对于故事的喜爱是天然的，故事能够快速拉近与受众的距离。将产品或服务融入故事之中，不仅能使文案更具生动性和趣味性，还能在情感层面与受众产生共鸣，从而更容易激发他们的购买欲望。

（2）设置悬念，激发好奇心。在文案中巧妙设置悬念，能够激发受众的好奇心，促使他们继续阅读以寻求答案。通过提问、设置未解之谜或透露部分信息等方式，可以有效吸引受众的注意力。

（3）简洁明了，直击核心。在信息爆炸的时代，受众的注意力越发分散。因此，文案需要做到简洁明了，直击要点。通过精练的语言传达核心信息，以确保受众能够迅速理解并接受。

（4）个性化表达，建立情感连接。每个人都具有独特的个性与偏好，将个性化表达融入文案中，有助于建立与受众之间的情感联系。通过个性化语言的运用和经验的分享，能让受众感受到文案创作者的真诚与独特魅力。

（5）创造独特卖点，提供独特价值。独特的卖点能够使产品或服务在竞争激烈的市场中脱颖而出。结合受众需求，深入挖掘产品或服务的独特之处，创造出独一无二的价值，从而吸引受众，使受众产生购买行为。

要使受众对文案产生欲罢不能的吸引力，关键在于掌握以下几点技巧。首先，学会用讲故事的方式呈现内容，使受众沉浸其中。其次，适时设置悬念，激发受众的好奇心。同时，保持文案的简洁明了，避免冗长和累赘。此外，还要注重个性化表达，来与受众建立情感连接。最后，创造独特的卖点，提供独特价值，促使受众产生购买行为。文案创作者需要不断磨炼技能，精益求精，以实现营销目标。

# 第四节　点赞篇：戳中用户痛点，让他们忍不住点赞

我们必须明确消费者的痛点所在，这是至关重要的，因为不同的消费者群体的痛点各异。以母婴用品为例，我们需要深入理解全职妈妈在日常生活中要面对的挑战和压力。为了精准地戳中全职妈妈的痛点，我们必须深入探讨她们的处境。

全职妈妈通常身兼数职，不仅要面对社会压力，还可能会感受到自我价值的缺失。在兼顾孩子的成长教育和家庭琐事的同时，她们可能会遭遇以下痛点。

（1）全年无休的状态使得全职妈妈几乎没有任何休息时间，随时需要应对孩子和家庭的突发状况。这种长时间的劳累和休息不足不仅会带来身心压力，还可能会对身体健康造成不良影响。

（2）由于长时间待在家中，全职妈妈可能会逐渐失去与同伴或事业伙伴的沟通机会，这可能导致她们在自我认知和价值感受上受到冲击，同时感受到孤独和无助。

（3）全职妈妈的工作常常被社会忽略或低估，这使得她们的努力难以得到认可，进而可能对自己的价值产生怀疑，从而缺乏职业上的成就感和满足感。

（4）全职妈妈对配偶或家庭其他成员的经济依赖程度较高，这可能导致她们会感受到独立性不足和自主性不强。一旦家庭经济出现问题，她们可能会感到特别焦虑。

（5）尽管全职妈妈非常重视孩子的教育，但在面对孩子的成长和教育问题时，她们可能会感到焦虑和力不从心。

（6）在家庭中，全职妈妈与配偶及家庭其他成员之间的交流和相处也是一个重要问题。如果得不到足够的支持和体谅，她们可能会感到更加寂寞和无奈。

在关注全职妈妈群体时，我们需要深入了解她们的实际需求和内心感受，以及她们所面临的挑战和压力，从而精准把握她们的痛点。同时，对于她们在生活中遭遇的各种困难，我们应给予充分的支持和理解，以帮助她们更好地应对。

全职妈妈用户往往会因主播能够准确识别、理解她们的痛点，并为她们提供有效支持或解决方案而与主播建立起信任。这种信任不仅会对主播个人认可，更会延伸至对主播所推荐商品的信赖。

一是，精准识别用户痛点。通过收集用户反馈、问卷调查、一对一沟通等方式，全面了解用户对产品或服务的使用情况。同时，结合市场数据分析，对用户可能遇到的问题和购买行为进行深入观察，从而站在用户角度体验产品或服务，精准识别用户需求。

二是，创造有价值的内容。针对用户痛点，提供切实可行的解决方案或有价值的信息，以确保内容具有吸引力和实用性。在内容中融入引导性语句，如"若觉得有用，请点赞支持"，以激发用户的互动意愿。

三是，引发用户共鸣。通过问题引导、幽默诙谐的评论等方式，激发用户的参与和讨论，使受众更加深入地参与互动。

四是，确保互动及时有效。对用户的反馈和意见给予及时回应和认可，营造一个受尊重的社区氛围。

五是，在引导用户点赞时，需遵守平台规定，避免直接出现点赞字样。可通过创意性的字幕或提示语，如"双击屏幕有惊喜"，引导用户在视频精彩处进行点赞。

六是，持续优化迭代。根据用户反馈和数据分析，不断优化内容和策略，提升用户满意度和互动率。同时，密切关注市场变化和用户需求，以确保产品保持竞争力并实现快速迭代。

通过实施以上步骤，我们能够精准捕捉用户痛点，有效引导用户参与互动，并持续提升用户满意度和忠诚度。当然，要保持这种良好的态势，我们仍需不断优化策略，灵活应对市场变化和用户需求。

## 第五节　关注篇：文案魅力无穷，让用户主动关注你

在信息如潮水般汹涌的今天，想要让用户主动把目光投到你的身上确实不是一件轻松的事情。但是不要操之过急，一篇灵动活泼、魅力四射的文案犹如一块能瞬间抓住用户眼球的闪亮钻石，能让用户不由自主地想要

与你亲近，想要对你有所了解。那么如何才能打造出让用户主动关注你、让用户心动的文案呢？快来一探究竟吧！

先来看一个文案，见表6-4所示。

表6-4 直播带货文案示例

| 直播主题：时尚穿搭大揭秘——打造明星范儿！ |
|---|
| 直播开场： |
| 亲爱的各位小伙伴们，大家晚上好！欢迎来到我们今天的直播间！我是你们的主播筱阿姨，非常高兴又一次和大家相聚在这里。今天，我要给大家带来一场别开生面的时尚穿搭盛宴，让你们轻松get明星同款，秒变时尚达人！ |
| 产品介绍环节： |
| 首先，让我们来看看这款最近火爆全网的×××品牌连衣裙。它的设计简约而不失优雅，无论是日常出行还是参加聚会，都能轻松hold住全场。面料采用高级丝绸，触感丝滑，穿着舒适。更重要的是，它的板型非常显瘦，无论您是哪种身材，都能穿出自己的风格。<br>接下来，是我们今天的重磅产品——×××品牌运动鞋。这款鞋子不仅外观时尚，而且功能性十足。它采用了先进的科技材料，轻盈又透气，让您在运动时如虎添翼。而且，它的颜色也非常丰富，无论您是喜欢低调还是张扬，都能找到心仪的那一款。 |
| 互动环节： |
| 大家如果对我们今天的产品感兴趣，可以在直播间留言告诉我哦！我会根据大家的反馈，为大家提供更多的搭配建议和购买优惠。同时，我们也为大家准备了丰富的互动环节，比如穿搭挑战、幸运抽奖等，让大家在购物的同时，也能享受到乐趣。 |
| 直播结尾： |
| 好了，亲爱的朋友们，今天的直播就快要结束了。非常感谢大家一直以来的支持和陪伴。如果您觉得今天的直播内容对您有帮助，记得点个关注，下次直播我们还会带来更多精彩的内容。最后，祝大家购物愉快，期待我们下次再见！ |

在精心撰写这款文案时，我们致力于准确阐述产品特性和优势，并巧妙融入旨在引导用户积极参与直播、激发购买意愿的互动环节。然而，文案的具体内容仍需进一步调整优化，以确保与主播风格及产品实际情况紧

密结合。

为了创作一篇具有吸引力的文案，我们需着重注意以下几点。

（1）明确目标用户，精准定位。在启动文案创作之前，必须明确我们的目标用户群体。可以通过市场调研、数据分析等手段，深入了解他们的兴趣、需求和行为习惯，来为文案创作提供有力依据，确保文案能够精准触及目标用户的内心，引发共鸣。

（2）打造独特卖点，吸引关注。文案应突出产品或服务的独特性，构建与众不同的卖点。这些卖点可以涵盖功能创新、卓越品质、独特设计等方面。在众多信息中，这些独特的卖点将助力文案脱颖而出，吸引用户的关注。

（3）运用生动语言，引发共鸣。采用生动活泼的语言风格，使文案更具感染力和吸引力。通过运用修辞手法如比喻、拟人等，使文案更加形象生动，富有趣味性。同时，通过讲述故事、呈现精彩瞬间等方式，关注用户的情感需求，触及用户内心。

（4）提供有价值的内容，建立信任。用户关注我们，是因为我们能够提供有价值的内容。在文案中，我们应提供信息、建议或解决方案，以满足用户的需求。通过分享专业知识、行业动态等内容，在用户心中树立专业形象和信任感，从而增加用户的关注度和忠诚度。

（5）优化互动体验，增强用户黏性。良好的交互体验是用户持续关注我们的关键。在文案中，我们应鼓励用户留言、评论、分享等互动行为，以建立与用户的良好关系。同时，对于用户的留言和提问，我们要及时回复，这一过程需展现专业性和亲和力。此外，通过举办活动、发起话题等方式，来提升用户的参与度和黏性。

（6）持续更新优化，保持活力。为了保持文案的魅力，我们需要不断关注市场变化、用户反馈和行业动态，及时对文案内容进行调整和优化。通过不断尝试新的创意和表达方式，使文案始终保持活力和吸引力。

为了吸引用户的主动关注，文案创作者应充分发挥其创意与才华。要务必注重文案语言的生动性与形象性，以增强其趣味性，从而激发用户的兴趣。同时，提供有价值的内容是文案创作的核心，要确保用户在阅读过程中能够感受到实质性的收获。此外，增强与用户的互动体验亦至关重要，还能促进双方的深度交流。

最后，请务必保持文案的新鲜度，通过持续的更新与优化，不断提升文案的魅力和吸引力，以吸引更多用户的关注与支持。

# 第七章
# 人气狂飙：直播间流量爆发秘籍

确保直播内容既新颖又富有价值，以吸引并持续抓住受众的注意力。同时，融入互动环节，如问答和抽奖等，以增强受众的参与感和粉丝黏性。重视预热宣传工作，以扩大社交媒体的影响力，为直播吸引更多的潜在受众。

与受众之间建立情感联系，进行真诚而深入的交流，培养忠实拥趸。遵循这些策略，直播间的流量有望实现显著增长，进而带来持续高涨的人气。

## 第一节　流量密码：免费流量的秘密通道

在数字营销领域，众多企业和个人致力于探索实现免费流量的途径。要开辟这一有效渠道，首要任务是深入剖析目标受众，包括他们的兴趣偏好、消费模式以及信息获取途径等。这些受众构成了免费流量的核心来源。基于这样的理解，我们应精确定位内容，使其更加贴合受众需求，从而提升点击率和转化率。

同时，内容的品质与创新同样关键。为了吸引用户注意力，无论文字、图像还是视频内容，均需具备独特的视角和精良的制作水准。用户倾向于在社交媒体平台上关注那些既有趣又具价值的信息。

此外，社交媒体平台的算法机制是实现免费流量的重要工具。通过深入研究算法机制，主播可以对内容进行优化，提高其在平台上的推荐率。同时，积极参与平台的互动功能，如点评、点赞、分享等，也能有效增加内容的曝光度。

最后，主播还应重视与其他内容创作者或品牌的合作机会。通过合作，可以相互宣传，共同吸引更多用户。这种合作可以采取多种形式，如内容共创、嘉宾访谈、品牌联合等。

## 第二节　投资有道：付费流量，高效引流

付费流量是数字营销中一种高效且可控的引流手段，它能够帮助企业迅速获得大量精准的目标用户，从而推动业务增长。

然而，尽管付费流量看似简单，即通过购买获得流量，但在实际操作中，即便是投入资金的甲方也需要明智地运用资金，以确保投资回报率最大化。

在此过程中，明确目标受众是首要任务。通过深入分析目标用户的需求、兴趣和行为习惯，选择合适的付费流量渠道至关重要。例如，搜索引擎营销（SEM）适用于搜索意图明确的用户，而社交媒体广告则更适用于年轻且活跃的用户群体。

制定科学的预算和投放策略同样关键。在明确目标受众后，需要对预算进行合理分配，并根据业务需求和预期收益设定明确的投放目标和关键绩效指标（KPI）。通过持续优化和测试，寻找最佳的投放时段、频次和创意形式，以提升广告的点击率和转化率。

此外，实时监控和调优也是不可或缺的环节。利用数据分析工具实时跟踪分析投放数据，并根据用户反馈和转化数据调整关键词、定位或创意内容，以提升广告与用户之间的匹配度。

最后，高效引流还需结合其他营销手段。将付费流量与社交媒体、内

容营销、SEO等策略相结合，能够形成协同效应，提升整体营销效果。例如，通过优质内容和互动体验留住用户后，再利用付费流量吸引用户进入网站或社交媒体账号，最终实现转化和壮大。

目前来看，获取付费流量的具体方式主要包括以下几种。

（1）搜索引擎营销（SEM），是一种旨在增加网站流量和提升转化率的有效策略，通过购买关键词广告并使其在搜索引擎结果中显示，以吸引用户点击并访问广告主网站。当用户在搜索引擎中搜索相关关键词时，这些广告便会在搜索结果页面的显著位置（如顶部或侧面）展示。广告主需对每次用户点击支付费用，以实现对目标用户的精准定位和广告投放效果的提升。

（2）社交媒体广告，涉及在社交媒体平台上购买广告位，通过展示图片、视频或文字等形式吸引用户点击，进而引导至广告主的网站或社交媒体账号。广告主可根据目标用户的特点、兴趣等制定广告投放策略，以实现精准投放。社交媒体广告的收费通常以展示次数或点击次数为基础。

（3）原生广告，是在流量来源网站上以原生形式展示的广告，如推荐资讯、内容营销、赞助文章等，它们能自然地融入网站内容中，这就提升了用户体验。原生广告的成本计算通常基于展示次数或转换效果。

（4）推荐引擎广告，特指在特定平台（如知乎）上，基于用户兴趣和行为习惯推荐相关内容、产品或服务的广告形式。这种广告在提高精准度和点击率的同时，也确保了内容的相关性。广告主需为每次点击或转换支付费用。

（5）联盟广告，又称Alliance Advision，是一种通过与其他网站或品牌合作，共同推广产品或服务，以实现流量与用户共享的广告策略。广告主可在合作平台上展示广告，来吸引目标用户点击进入其网站。联盟广告的费用通常基于点击次数或转换效果进行计算。

综上所述，上述付费流量获取方式各有其适用场景，作为一种高效的引流方式，付费流量具备高度的可控性。广告主应明确目标受众，制定科学的预算和投放策略，并借助数据分析工具进行实时监控与优化，结合其他营销手段，以实现业务和投资回报的高效增长。

## 第三节　热度升级：直播间加热，让热度持续上升

直播间的热度是一个综合指标，旨在从人气和影响力两方面评估直播间的受欢迎程度。该指标通常基于多种因素进行综合计算，包括受众人数、弹幕数量等，以体现直播间的活跃度和吸引力。

直播间的高热度意味着更多的受众参与互动，直播内容受到更广泛的关注和喜爱。这种高曝光率和影响力使得直播间能够吸引更多的受众加入，并积极参与讨论和互动。

对于主播和平台而言，直播间的热度都具有重要意义。高热度不仅有助于提升主播的个人知名度和影响力，吸引更多关注和粉丝，从而增加商业合作机会；同时也能够吸引更多用户留存并提高活跃度，进而增强平台的整体竞争力和用户黏性，对平台具有极高的吸引力。

值得注意的是，直播间的热度并非完全是客观的，主播的个人魅力、受众对直播内容的喜好等因素也可能会对热度产生影响。因此，在评估直播间热度时，需要综合考虑多种因素，并结合实际情况进行判断。

综上所述，直播间的热度是衡量其受欢迎程度的重要标准之一。为了持续提高直播间的热度，采用有效的提升策略是不可或缺的。

想要让直播间一直保持热度，可以考虑以下几个方面。

（1）优质内容的呈现。要精心策划并呈现一场富有创意、引人入胜的直播盛宴，以确保每位受众都能在其中找到自身的兴趣点和需求点。我们应持续致力于内容的创新与迭代，来为受众带来持久的惊喜与新鲜感，使他们的目光始终聚焦于我们的直播间。

（2）频繁且积极的互动。应与受众建立并保持紧密的互动关系，积极回应他们的提问，始终关注并满足其需求。我们应乐于分享有趣且有价值的信息，以增强受众的参与感，进而提升其忠诚度，使受众对我们的直播间保持关注与喜爱。

（3）定期举办活动。应定期举办包括抽奖、知识问答挑战、互动游戏等一系列异彩纷呈的活动，来激发受众的热情，并鼓励他们更加积极地参与进来，共享直播的乐趣。

（4）跨主播合作。应积极寻求与其他主播的合作机会，共同开启广播或互动模式，以此扩大直播间的收视群体，吸引更多受众的关注。这种合作不仅增加了直播间的热闹氛围和多元性，同时也为受众带来了更多的趣味性和惊喜。

（5）提升受众参与度。可以鼓励受众通过提问、评论、点赞等方式参与直播，并设立积分兑换等奖励机制，以激发受众的参与热情。

（6）持续优化与提升。应定期对直播表现进行回顾，积极收集并分析受众的反馈意见，以了解他们的需求和喜好。基于这些信息，我们应持续对直播内容进行完善和优化，以满足受众的需求，并提升直播间的热度。

综合运用暖场、互动、优质内容、合作联动等策略，就可以确保直播间的热度持续提升。在竞争激烈的直播市场中，唯有如此，我们才能脱颖而出，实现直播间的持续繁荣与发展，并吸引更多的受众与爱好者。

## 第四节　打榜战术：冲上热门，成为带货王

直播打榜战术在直播带货领域中占据着举足轻重的地位，其有效性在于能够迅速提升主播的人气，从而吸引大量受众，实现高效的带货效果。

直播打榜，具体而言，是受众或粉丝在直播平台上通过购买虚拟礼品、积极参与互动等方式，为主播在榜单上进行排名提升的行为。此举旨在为主播争取更多的曝光机会，以在平台上吸引更多关注。

在参与打榜的过程中，受众可以通过购买平台提供的虚拟礼品并赠送给主播，主播在收到礼品后会获得相应的积分或人气值，从而在排行榜上的位置得以提升。同时，部分直播平台还设置了弹幕互动、点赞等特定的互动环节，受众的积极参与同样有助于主播排名的提高。

如今，直播打榜在诸多直播平台已成为一种普遍现象，不仅能够有效提升主播的人气和影响力，还能带动平台的流量和活跃度。然而，受众在参与打榜时应保持理性消费，避免盲目跟风或过度投入。

下面，我们将详细阐述一套严谨、理性的打榜策略，旨在助力主播逐步成为带货领域的佼佼者：

第一步，深入了解平台规则与算法机制至关重要。由于不同直播平台

采用的热门推荐算法和规则各异，主播们就需要深入研究和理解这些规则。例如，点赞、评论、分享等受众互动行为在某些平台可能受到重视，而直播间的观看时长和转化率则可能在其他平台占据主导地位。通过对规则的深入理解，主播们可以更有针对性地优化直播表现，提高被推荐的概率。

第二步，制订明确的目标和计划。主播们应设定明确的打榜目标，如每日或每周的观看时长、互动量等，并据此制订相应的计划。这包括增加直播频率、提升直播质量、丰富互动环节等措施。同时，主播还需关注其他选手的表现，了解其优点与不足，以便更好地调整自身策略。

第三步，利用付费推广提升曝光度。付费推广是直播带货领域提升曝光度的有效手段。主播们可以通过购买平台资源、参与平台活动等方式增加曝光机会。虽然这需要一定的资金投入，但合理的投资往往能带来丰厚的回报。

第四步，建立起与粉丝的深厚情感联系。直播带货不仅是产品的推广，更是与粉丝建立情感连接的过程。主播应通过积极互动、回答问题、分享生活等方式与粉丝建立深厚的友谊和信任。这样，粉丝才更容易接受主播的推荐并产生购买行为。

第五步，持续优化直播内容和形式是关键。直播带货行业日新月异，主播们需不断创新和优化自己的直播内容，以适应市场变化和受众需求。这包括尝试不同的产品介绍方式、引入新的互动游戏、邀请嘉宾等。同时，主播们还应定期对直播数据进行分析，了解受众的喜好和需求变化，以便及时调整策略。

在直播打榜时，主播应了解一些直播打榜的"专业术语"，以增进与受众的顺畅和高效交流，提升带货效果。一些常见的"专业术语"见表7-1所示。

表7-1　直播打榜的"专业术语"

| 项目 | 内容 |
| --- | --- |
| 占榜/冲榜 | 指通过一系列操作，如刷礼物、点赞、评论等，使主播在平台上的排名上升，占据更高的榜单位置 |
| 控评 | 通过引导或操作评论，确保直播间内的评论内容符合主播或团队的意愿，营造积极或特定的舆论氛围 |
| 弹幕/飘过 | 指直播间内飘过的文字消息，这些消息可以是受众对主播的提问、评论或互动 |
| 刷礼物 | 受众通过购买平台上的虚拟礼物，并在直播间内赠送给主播，以提升主播的收入和人气 |
| 点关注/点红心 | 受众通过点击关注或红心等按钮，表达对主播的支持和喜爱，这有助于提升主播的关注度和粉丝数量 |
| PK/连麦 | 主播之间通过某种形式的竞争或合作，进行互动和展示，以吸引受众的注意力和参与 |

以上是直播中常见的一些"专业术语"。需明确的是，这些"专业术语"随着直播平台的发展可能会不断更新。同时，对于打榜或提升知名度的策略，若过度依赖或使用不当，可能会违反平台规定或产生不良影响，因此在使用时需严格遵守相关规定。

直播带货的打榜战术，需要综合多种策略，包括选择合适的直播间、理解直播打榜机制、制订打榜计划、运用官方广告、与主播建立良好关系、利用粉丝基础提升直播间人气等。这些策略应综合应用于直播过程中，并根据实际情况不断优化，以达到最佳效果。

总体而言，打榜战术在直播带货领域中具有独特价值。要成功运用此战术，首先需要深入了解平台规则，明确打榜目标和计划。此外，通过付费推广增强直播间的吸引力，与粉丝建立深厚关系，以及持续创新和优化直播内容，都是成为带货界佼佼者的关键。

## 第五节　巨量引擎：解锁流量新境界

作为字节跳动旗下的数字营销综合服务平台，巨量引擎为广告主开创了流量变现的新纪元。其卓越的功能与应用不仅助力广告主提升了转化率、最大化变现流量，而且通过精准用户定位，还有效捕获了用户线索，实现了精准营销目标。

巨量引擎凭借先进的智能科技，对用户群体进行了精确画像，确保广告能够精准触及目标用户，显著提升了广告的点击率和转化率。同时，该平台还提供关键词竞价排名推广和非竞价排名推广两种策略，来协助广告主选择最佳关键词、制订科学推广方案，以达成精准营销目标。

巨量引擎还构建了一个多方参与、资源共享、互利共赢的平台。该平台不仅提供产品展示、技术交流、交易撮合等服务，还支持经销商拓展业务、发掘新利润点。通过与产业链上下游企业的紧密合作，巨量引擎助力广告主实现了多元化盈利，使得其整体经营价值得到了显著提升。

此外，巨量引擎积极拓展流量渠道，深化跨界合作。通过与互联网等行业的企业携手，为广告主创造了更多曝光机会，实现了流量最大化。广告主可借助巨量引擎制定明确的推广目标、预算和时间表，设计吸引人的广告语和营销策略，引导用户访问和购买，从而提高推广转化率。同时，巨量引擎提供全面的促销效果监测和优化服务，实时调整促销策略，以提升推广效果。

字节跳动旗下的广告平台，如巨量引擎，支持广告主在字节跳动生态内进行广告投放，解锁更多流量资源，如抖音、今日头条、西瓜视频等。广告主可通过巨量引擎，轻松解锁这些流量，实现广告目标的最大化，见表7-2所示。

表7-2 巨量引擎流程

| 序号 | 项目 | 内容 |
| --- | --- | --- |
| 1 | 注册巨量引擎账号 | 你需要在巨量引擎官网上注册一个账号。填写相关信息，如公司名称、联系方式等，完成注册 |
| 2 | 创建广告计划 | 登录巨量引擎后，就可以开始创建广告计划了。你需要设定广告的目标，如增加品牌曝光量、提高转化率等。同时，你还需要选择投放的广告位、投放时间、预算等 |
| 3 | 制作广告内容 | 在巨量引擎上，你可以制作各种形式的广告内容，如图片、视频、落地页等。你需要根据广告目标和受众特点，制作有吸引力的广告内容 |
| 4 | 定向投放 | 巨量引擎提供了丰富的定向投放选项，如地域、年龄、性别、兴趣等。你可以根据产品特点和受众特征，选择合适的定向条件，以确保广告能够触达目标受众 |
| 5 | 优化投放效果 | 在广告投放过程中，你可以实时监控投放效果，并根据数据进行优化。例如，你可以调整广告内容、投放时间、预算等，以提高广告的点击率和转化率 |
| 6 | 分析投放数据 | 巨量引擎提供了详细的投放数据分析工具，你可以通过数据了解广告的曝光量、点击量、转化量等指标，以便评估投放效果和优化广告策略 |

综合评估，巨量引擎展现了卓越的数字营销能力，堪称业界翘楚。更为突出的是，它配备了先进的科学评估体系，为广告主提供了流量变现机会。在这个精准高效的平台上，广告主能够精准触及目标用户，轻松实现流量最大化，让广告成为推动商业成长的重要助力。

# 第八章
# 直播带货：选品"黑科技"，助你带货飞起

直播带货作为电商领域的新兴力量，其成功与否往往取决于选品的精准度。借助现代"黑科技"手段进行选品，能够显著提升直播带货的效果。这些"黑科技"包括大数据分析、用户画像、智能推荐等，它们为直播主提供了对市场需求、消费者偏好等的精准分析。直播主通过运用这些先进技术，可以更加精准地把握市场脉搏，挑选出爆款商品，进而实现销量的快速增长。

## 第一节 精准画像，定价有理有据

在现代营销中，精准画像已成为一项至关重要的战略。企业通过对用户进行精准画像，不仅可以为产品定价提供有力依据，还可以对用户的需求、喜好、行为等进行深入洞察。

精准画像，简而言之，就是通过多维度的数据对用户进行采集与分析，从而构建出一个详尽且精准的用户模型。这些数据包括用户的个人资料、消费习惯、兴趣爱好等。通过深度挖掘和分析这些数据，我们能够全面且深入地了解用户，从而为个性化推荐、精准营销、服务优化等各类应用场景提供强有力的数据支撑。

构建精准画像通常涉及多个关键步骤，如资料清洗和预处理、资料分析，以及用户模型的建立和更新等。在此过程中，数据挖掘、机器学习等数据分析技术发挥着举足轻重的作用。

精准画像的应用场景极为广泛。在电商领域，商家可以借助精准画像提升转化率，降低营销成本，从而更精准地识别目标用户，推送更符合其需求的商品和服务。在内容推荐领域，精准画像同样能够助力平台提升用户参与度和满意度，并为每位用户提供更加个性化的内容推荐。

综上所述，精准画像作为一款强大的数据分析工具，能够帮助我们更好地理解和满足用户的需求与喜好，为各类应用场景提供有力支持。

精准画像对直播团队的作用简单来说有三点。

（1）精准用户画像对企业至关重要，它有助于企业准确识别不同用户群体的消费能力与购买意愿。基于对用户的人口属性、兴趣爱好、购物偏好等深入分析，企业能够针对不同市场制定精细化的定价策略，实现用户市场的有效细分。

（2）用户精准画像在预测用户需求与购买行为方面发挥着关键作用。企业通过分析用户的历史购买记录、浏览行为等数据，能够获取宝贵的信息，来为定价决策提供有力支撑，进而准确预测用户的产品需求和购买意愿。

（3）精准用户画像助力企业实施差异化的定价策略。企业依据不同用户群体的需求和购买行为分析，制定个性化的价格与服务，以满足不同用户的多样化需求，从而有效提升产品的市场竞争力，为不同客户提供更具吸引力的价格与服务。

以下是一个给用户精准画像的案例。

为深入理解和满足年轻时尚女性的内心需求与时尚追求，某电商即将隆重推出一款专为该群体量身打造的服装新品。我们在用户调研和数据收集方面进行了全面而细致的工作。

首先，我们采用了市场调查、网络问卷等手段，系统收集了包括年龄、地域、职业、收入等关键信息在内的年轻时尚女性的详尽数据。同时，我们也积极潜入社交媒体和网络论坛，深入洞察了她们的兴趣爱好、消费习惯以及对时尚潮流的独特见解。

随后，我们运用先进的数据分析工具，对这些女性的行为数据进行了深度挖掘。通过分析她们的浏览记录、搜索关键词等细微线索，我们发现她们对时尚、潮流和品质有着极高的追求，并对个性化和差异化极为重视。

基于这些珍贵的数据，我们成功构建了一幅精准的用户画像。她们是活跃在一二线城市的 20～30 岁的年轻时尚的女性，文化素养高，审美水平出众，对时尚潮流敏锐洞察，追求品质生活，并愿意为彰显个性与差异买单。

凭借这张精准的用户画像，我们有针对性地设计和优化了产品，并在风格、设计和质量上进行了精心打磨。我们巧妙地将时尚元素与创新设计相融合，使产品令人一见倾心；在选材和制作上严格把关，确保穿着的舒适性；同时，我们还通过社交媒体等渠道，携手时尚博主、意见领袖进行精准推广，成功吸引了大量目标用户的关注与购买。

最终，这款服装新品在市场上取得了显著的成功，用户反馈好评如潮。这一案例充分证明了基于用户画像进行产品设计和优化的重要性，以及深度调研和数据分析在构建精准用户画像中的关键作用。我们为能够准确满足年轻时尚女性的时尚追求而感到自豪。

在此郑重提醒，尽管不同行业在用户画像的构建上可能呈现出细微的差别，但万变不离其宗，其核心均在于深刻洞察用户的需求与行为模式。通过对用户信息的系统收集与精准分析，我们能够为用户呈现更为贴合其实际需求的产品与服务。简而言之，用户画像的精确性为我们提供了坚实的基石，并对产品定价提供了强有力的支撑。企业可依托对用户需求和偏好的深刻洞察，制定更为精准的定价策略，从而有效提升产品的市场竞争力与销量。

## 第二节　选品秘籍，电商直播新风尚

电商直播已成为行业的新趋势，各大主播和电商平台竞相展现其独特优势，旨在激烈竞争的市场环境中脱颖而出，常见的选品案例见表8-1所示。

表8-1　选品案例

| 直播选品案例：美妆产品直播专场 ||  |
|---|---|---|
| 背景 || 某知名美妆博主"美妆小达人"计划举办一场以"美妆新风尚"为主题的直播活动，旨在向受众推荐最新、最热门的美妆产品，同时提高个人品牌知名度和粉丝黏性。为此，她需要进行精心的直播选品，以确保所推荐的产品既符合市场需求，又能满足粉丝的期待 |
| 直播选品过程 | 市场调研与分析 | 在选品前，"美妆小达人"首先进行了市场调研，了解了当前美妆市场的趋势、热点以及消费者的需求。她通过查看各大电商平台的美妆产品销售数据、社交媒体上的用户讨论以及专业机构发布的美妆行业报告，获取了大量有价值的信息 |
| | 产品筛选与评估 | 基于市场调研结果，"美妆小达人"筛选出了一批具有潜力的美妆产品，包括粉底液、口红、眼影盘等。她对这些产品进行了深入的了解，包括品牌背景、产品特点、价格定位等。同时，她还通过试用、查看用户评价等方式，对产品进行了评估，以确保所推荐的产品质量可靠、性价比高 |
| | 直播主题与产品搭配 | 在确定了推荐的产品后，"美妆小达人"开始策划直播主题。她根据产品特点，将直播主题定为"美妆新风尚"，并设计了一系列与产品相关的妆容教程和搭配建议。她还根据直播主题，挑选了一些与主题相符的道具和背景，以营造出温馨、时尚的氛围 |

续表

| 直播选品案例：美妆产品直播专场 |||
|---|---|---|
| 直播实施与效果 | 直播实施 | 在直播过程中，"美妆小达人"详细介绍了每款产品的特点、使用方法以及适用场合，并展示了自己使用这些产品完成的妆容。她还与受众进行了互动，回答了受众的问题，分享了一些美妆小技巧。整场直播氛围轻松愉悦，吸引了大量受众的关注和参与 |
| | 直播效果 | 此次直播活动取得了显著的成果。首先，在直播过程中，受众对她推荐的美妆产品表现出了浓厚的兴趣，纷纷在直播间留言咨询购买渠道。其次，直播结束后，相关产品的销量在各大电商平台均有所增长，尤其是"美妆小达人"推荐的几款明星产品，销量更是翻了一番。此外，通过此次直播活动，"美妆小达人"的个人品牌知名度也得到了进一步提升，粉丝数量有所增加，粉丝黏性也得到了提升 |
| 总结与启示 || 本次"美妆新风尚"直播选品案例展示了成功的直播选品过程及其带来的良好效果。通过市场调研、产品筛选与评估以及直播主题与产品搭配等环节，博主成功挑选出符合市场需求和粉丝期待的美妆产品，并通过直播形式向受众展示了这些产品的优势和特点 |

从本次案例中，我们可以得到以下启示。

（1）直播选品的核心在于对市场和用户需求的细致洞察。通过系统性的市场调研与深度分析，筛选出具备市场潜力的产品，不仅能够准确把握市场动态与热点，还能精准捕捉消费者的需求与偏好。

（2）在直播选品过程中，产品的品质与性价比是不可或缺的考量因素。只有那些品质卓越、物超所值的产品，才能赢得消费者的信赖与喜爱，进而实现可观的销售成绩。

（3）直播的成功与否，亦取决于直播主题与产品搭配的合理性。设计契合市场需求和消费者偏好的直播主题，以及精心挑选的产品搭配，能够有效吸引受众的关注与参与，进而提升直播的曝光度与影响力。

（4）主播在直播中的表现亦至关重要。专业素养与互动能力是主播必

## 第八章 直播带货：选品"黑科技"，助你带货飞起

备的核心素质。通过与受众建立良好的互动关系，来提升直播的吸引力与受众黏性的同时，准确传达产品的特点与优势，是主播要在直播中必须达成的任务。

在进行直播选品时，需严格遵循一系列关键注意事项，以确保所选产品既符合品牌与市场定位，又能有效吸引受众并满足消费需求。

首先，产品品质的把控至关重要。质量始终是消费者最为关心的问题，无论是实物商品，还是虚拟服务。因此，在选择产品时，要务必确保其可靠性，并提供详尽的相关标准资料与证明文件。

其次，应综合考虑市场需求与产品受众群特征。在选择直播产品时，需对市场上同类产品的需求偏好、竞争状况等进行深入的目标受众分析。同时，需留意产品的适用性与季节性，以避免选择与市场需求不符或过时的产品。

再次，产品价格定位亦需审慎考量。价格通常是直播中吸引消费者的关键因素。因此，在选择产品时，需确保产品价格合理、具有竞争力，要充分考虑产品成本、市场定价及消费者购买能力。

此外，品牌口碑亦不可忽视。选择口碑良好的品牌和产品，有助于提升直播转化率和销量，增强消费者的信任度和购买意愿。

最后，产品的展示性与互动性亦需纳入考量。在直播中，产品的展示与互动环节至关重要。因此，在选择商品时，需选择便于展示和互动的商品，以吸引受众眼球，激发购买欲望。

综上所述，直播选品需全面考量产品品质、市场需求、价格定位、品牌口碑、可展示性及交互性等因素。只有在各个环节都进行严谨筛选，才能确保直播选拔工作的圆满、有效进行。

## 第三节 选品路径,跟着攻略走

选品攻略,系指一套系统的方法论,旨在协助商家或个人在繁多的商品中,筛选出具备市场潜力和竞争力的优质产品。通过遵循这些策略和方法,商家或个人能更精准地把握市场需求,提升直播效果与销售业绩。

几个常见的选品攻略见表8-2所示。

表8-2 选品攻略

| 方法 | 实施 |
| --- | --- |
| 市场调研 | 通过深入了解目标市场的消费者需求、行业趋势和竞争对手情况,来确定潜在的热销产品 |
| 品质优先 | 确保所选产品具有良好的品质和可靠性,这将有助于建立品牌声誉和赢得消费者的信任 |
| 差异化选品 | 选择具有独特功能、设计或特色的产品,以在市场中脱颖而出,吸引消费者的注意 |
| 价格策略 | 根据目标市场和消费者群体的购买力,制定合理的价格策略,确保产品具有竞争力 |
| 供应链优化 | 选择有稳定供应链和良好售后服务的供应商,以确保产品供应的可靠性和持续性 |
| 关注热门趋势 | 及时关注行业内的热门趋势和流行元素,以便快速调整选品策略并抓住市场机遇 |
| 数据分析 | 运用数据分析工具来评估产品的销售数据、用户反馈等信息,以便更准确地判断产品的市场潜力和改进方向 |

总之，选择产品策略是一项综合且复杂的过程，需深入考量市场需求、产品质量及价格策略等多个因素。通过运用科学的选品方法，旨在提高选品的精确性与成功率，从而达到既定的商业目标。

制定具体的选品策略需要综合考虑多个方面，包括市场分析、目标客户定位、产品筛选、供应商选择、价格策略以及市场推广等。通过科学系统地制定和实施选品策略，商家的市场竞争力将得到显著提升，销售业绩也将取得不错的成果。

## 第四节 个人特色选品，轻松驾驭爆款

个人特色选品是一种独特的电商直播选品策略，该策略强调主播在选品过程中应充分发挥其个性和特长，通过融入个人特色，打造出别具一格的直播内容，以吸引更多受众的关注和喜爱。

具体而言，个人特色选品要求主播在审美和品位上具备独到之处。主播在挑选商品时，需根据自身的风格、喜好以及受众群体的需求，选择符合自己口味的商品进行推荐。这种选品方式不仅能够有效展现主播的个性和魅力，还能够吸引与主播口味相近的受众，进而形成稳定的粉丝群体。

实施个人特色选品策略，主播需具备专业知识和一技之长。通过学习相关产品知识，了解市场动态，主播的选品能力将得到显著提升。在挑选商品的过程中，主播可结合自身专业知识和经验，对商品进行全方位深度分析和测评，从而挑选出具有潜力的爆款商品。

此外，个人特色选品也要求主播在与粉丝的互动和交流上投入更多精力。主播可将自己的选品心得、使用感受等通过直播互动、社交媒体等渠道与粉丝分享，同时倾听粉丝的反馈和建议，以更好地了解粉丝的需求和喜好。这种互动和交流有助于提升粉丝对主播的信任度和黏性，同时也能为主播提供更多灵感和方向选择。

最后，个人特色选品需要主播不断尝试新的选品策略和方法。在市场风云变幻、消费需求此消彼长的背景下，主播需保持敏锐的市场洞察力和创新意识，不断尝试新的选品策略，以找到适合自己的爆款商品。只有如此，主播才能在激烈的市场竞争中脱颖而出，在电商直播领域独占鳌头。

主播在选品过程中应秉持严谨、稳重的态度，确保所选商品与自身形象、风格相符，同时满足受众需求。以下是具体的选品策略。

（1）明确个人定位与专长。主播需深入了解自己的专长领域和受众群体，以便精准定位，提升受众对所选产品的认同感和购买意愿。

（2）产品质量与口碑。产品质量与口碑是选品的核心，主播应选择质量可靠、口碑良好的产品，以维护个人公信力。

（3）差异化与独特性。主播应关注产品的差异化和独特性，此类产品能吸引受众并激发购买欲望。主播可根据个人风格，选择与之相符的特色产品。

（4）品牌信誉与美誉度。主播在选择产品时，应考虑品牌的信誉和美誉度。选择口碑良好、经验丰富的品牌，有助于提升受众的购物体验，同时增强主播的公信力。

（5）产品使用场景与风格搭配。主播在选择产品时，需考虑产品的使用场景与自身风格的搭配。选择符合个人风格的产品，可使展示更加自然流畅，并提升受众的观看感受。

（6）价格与性价比。主播在选品时，应关注商品的价格与性价比。根据受众群体和定位，选择价格适中、性价比高的产品，以满足受众的购物需求。

（7）售后服务与政策扶持。主播在选品时，应关注品牌的售后服务和政策扶持。良好的售后服务有助于提升受众的购物体验，而政策扶持则有助于主播更好地进行产品推广。

综上所述，个人特色选品是一种独特的电商直播选品策略。主播应充分发挥个性与特长，运用专业知识和技能，与粉丝进行深入的互动和交流，不断创新和尝试，以创造独特的直播内容，吸引更多受众的关注与喜爱。

## 第五节　定价套路与套餐组合，玩转直播间

将定价策略与套餐设计相结合，作为优化电商直播用户体验的关键举措，对于提升用户满意度具有重要意义。合理的定价策略与巧妙的套餐组合，能够有效吸引消费者的关注，激发其购买意愿，进而推动销量的增长。

定价策略，即在制定产品或服务价格时应用的一系列方法，其核心在于确保企业利润最大化，同时借助巧妙的定价技巧吸引消费者，进而促进销量增长。定价策略涵盖了成本分析、市场需求、竞争环境、品牌形象等多个方面，是企业在定价过程中需要综合考虑的重要因素。常见的一些定价策略见表8-3所示。

表8-3 常见的一些定价策略

| 项目 | 内容 |
| --- | --- |
| 成本加成定价 | 在成本的基础上加上一定的百分比作为利润加成，确定最终销售价格。这种定价方法简单易行，但可能会忽略市场需求和竞争状况 |
| 市场导向定价 | 根据市场需求和消费者心理来制定价格，以吸引目标消费者群体。这可能涉及对竞争对手的价格进行分析，以及通过市场调研了解消费者的支付意愿 |
| 价值定价 | 强调产品或服务的独特价值和优势，从而设定高于一般市场价的价格。这需要企业在产品开发、品牌建设等方面投入更多努力，以塑造高价值的形象 |
| 促销定价 | 通过折扣、优惠券等促销手段来吸引消费者购买。虽然这种定价套路可以刺激销售，但也可能对企业的利润造成一定影响 |

需要明确的是，定价策略并不是固定不变的，而是应根据市场环境和企业目标进行有针对性的调整和优化。定价策略的制定，应与企业追求长期盈利和持续发展的总体战略保持高度一致。

套餐组合，作为一种销售策略，是商家基于特定规则和优惠方式，将多种产品或服务组合在一起，旨在吸引顾客购买、提高销量。此策略在旅游、餐饮、电子产品等互补性或关联性较强的行业中尤为常见。

套餐组合的核心优势体现在其便捷性、优惠性和多样性上。商家通过套餐组合的方式，能够为客户提供完整的解决方案，从而减轻客户在多项服务之间比较、取舍的困扰。同时，套餐组合往往在价格上会给予客户一定的折扣，以吸引客户选择购买。此外，套餐组合还能根据市场需求和客户偏好进行灵活调整，以满足不同客户的个性化需求。套餐组合的方法见表8-4所示。

表8-4 套餐组合的常见方式

| 方式 | 具体做法 |
| --- | --- |
| 搭配套餐 | 将不同商品进行搭配组合，以更优惠的价格出售。这种策略能够满足消费者的多样化需求，同时提高客单价。例如，服装类直播可以将上衣、裤子和鞋子组合成一套搭配套餐，以更低的价格出售 |
| 组合优惠 | 在套餐组合的基础上，提供额外的优惠措施，如满减、赠品等。这种策略能够进一步激发消费者的购买欲望，提高销售额 |
| 定制套餐 | 根据消费者的个性化需求，提供定制化的套餐组合。例如，美妆类直播可以根据消费者的肤质、年龄等因素，为其推荐适合的护肤品组合 |

然而，主播在运用定价策略及套餐组合策略时，需着重考虑以下几个方面。

（1）需对目标受众的需求和购买习惯进行详尽的分析，以确保所设定的价格和套餐组合能够符合其心理预期。

（2）务必确保价格与商品的实际价值相匹配，要避免过低的价格对消费者的购买决策造成负面影响。

（3）为适应市场的动态变化及消费者需求的演变，应定期审视并更新定价策略及套餐组合，以确保其持续优化。

综上所述，定价策略及套餐组合在电商直播中，对于提升销售效果及用户体验具有举足轻重的作用。主播应合理运用这些策略，通过提升购买转化率和客单价，实现销售目标的快速增长，从而吸引更多消费者参与直播活动。

## 第六节　线上线下联动，直播带飞门店客流

随着现代营销战略的不断演进，线上直播在推动线下店铺发展方面的作用日益凸显，特别是在零售业中，其已成为不可或缺的一环。以下列举两个真实案例以作说明。

案例一：某知名日料品牌利用达人直播成功推广

以时令新鲜食材和主厨现场烹饪为特色的某知名日料品牌，在达人直播领域展现出了卓越的营销能力。在两家新店开业之际，该品牌巧借抖音平台，通过巧妙调整店面布局、精心打造企号官播、邀请达人直播等多维度货盘策略，成功将单月 GMV 推至 350 万元。此次直播活动不仅大幅提升了品牌知名度，还吸引了大量食客前往线下门店，亲身体验日本特有的美味和风情。

案例二：沈阳国际鞋城手工皮具商店直播营销效果显著

位于沈阳国际鞋城的一家手工皮具小店，通过快手直播这一创新方式，成功实现了线下销量的快速增长。店主霞姐作为直播达人，在镜头前展示各式各样的手工皮具，并与受众进行互动交流，吸引了大量忠实粉丝的关注。在霞姐的直播魅力攻势下，店内商品销量迅速攀升，一度出现供不应求的火爆景象。消费者在观看直播后纷纷前往线下门店选购心仪商品，进一步推动了门店销量的增长。

这些成功案例充分展示了线上直播的巨大潜力及其对线下卖场销售的推动作用。商家通过直播将产品特性、使用效果直观地展示给消费者，有效提升了消费者的购买信心。同时，直播还能提升品牌知名度和美誉度，吸引更多潜在消费者关注并到线下卖场进行体验。因此，利用网络直播进行营销已成为众多零售商家不可或缺的策略。线上线下联动策略见表8-5所示。

表8-5 线上线下联动策略

| 项目 | 作用 | 策略内容 |
| --- | --- | --- |
| 线上直播引流 | 提前预热 | 在直播前通过社交媒体、官方网站等渠道发布直播预告，提前吸引消费者的关注 |
| | 优质内容 | 提供有趣、有价值的内容，包括产品介绍、使用技巧、用户评价等，以增加消费者的参与度和黏性 |
| | 互动环节 | 设置抽奖、答题等互动环节，提高受众的参与度和忠诚度，同时增加他们对品牌的好感度 |
| 线下门店承接 | 优化门店环境 | 提供舒适、便捷的购物环境，让消费者在门店中享受到愉悦的购物体验 |
| | 商品陈列 | 根据直播中推广的产品，合理布局和陈列商品，从而来提高商品的曝光率和购买率 |
| | 专业服务 | 提供热情、专业的服务，解答消费者的疑问，满足他们的需求，提高客户满意度 |
| 线上线下融合 | 数据共享 | 将线上直播数据与线下门店销售数据进行整合和分析，来了解消费者的购物习惯和需求，为精准营销提供数据支持 |
| | 会员互通 | 建立线上线下统一的会员体系，实现会员权益的共享和互通，提高会员的忠诚度和活跃度 |
| | 活动联动 | 将线上直播活动与线下门店促销活动进行联动，形成线上线下互动的营销氛围，从而提升品牌影响力和销售业绩 |

在当前的电商直播行业中，线上线下联动、直播助力门店客流增长已成为一种富有创新性的策略。通过线上直播与线下门店的紧密协作，能吸

引更多消费者，从而提升门店客流及销售业绩，进而实现资源的优化配置与互补效应。

## 第七节　超级主播秘籍：选品背后的策略

在电商直播领域，主播的成功与否与选品策略密切相关，是其核心要素之一。优秀的主播不仅需具备优秀的口才和形象，更需在商品选择方面展现独到的眼光和策略。主播的选品策略涵盖多个维度，旨在最大化提高销售量和增强品牌效应，同时确保所选商品能够最大限度地满足目标受众的需求。选品重点策略见表8-6所示。

表8-6　选品重点策略

| 选品重点 | 策略 |
| --- | --- |
| 精准定位目标受众 | 主播首先需要明确自己的直播内容定位以及目标受众群体。这包括了解受众的年龄、性别、兴趣、消费习惯等特征，以便选择符合其需求的产品 |
| 产品属性与粉丝属性相契合 | 主播在选品时，应确保产品属性与粉丝属性相契合。例如，如果目标受众是年轻人，那么可以选择时尚、潮流、有创新点的产品；如果目标受众是家庭主妇，那么可以选择实用性强、性价比高的家居用品 |
| 关注产品质量与口碑 | 主播应选择质量上乘、口碑良好的产品，以确保在直播过程中能够真实、客观地展示产品的优点，赢得受众的信任。同时，优质的产品也能够减少售后问题，提升主播的形象 |
| 考虑价格因素 | 价格是消费者购买决策的重要因素之一。主播在选品时，应根据目标受众的消费能力和市场需求，选择价格合理、性价比高的产品。同时，也可以考虑与供应商协商，争取获得更优惠的价格，以便在直播中为消费者提供更大的优惠 |

续表

| 选品重点 | 策略 |
| --- | --- |
| 制定多样化的选品策略 | 主播可以根据不同的直播内容和受众需求，制定多样化的选品策略。例如，可以定期推出新品，吸引受众的关注；也可以结合节日、季节等时机，选择符合时令的产品；还可以与知名品牌合作，推出联名款产品，提升直播的吸引力 |
| 优化商品展示与介绍 | 主播在直播过程中，应充分展示产品的特点和优势，要通过生动的语言、直观的演示等方式，激发受众的购买欲望。同时，也可以结合互动环节，如抽奖、问答等，增加受众的参与感和黏性 |

综合而言，主播选品背后的策略涉及受众需求、产品品质、价格因素等多维度的考量。主播们通过制定科学合理的选品策略，能够更好地满足受众需求，进而增强直播效果和影响力。超级带货主播在选择商品时，除了注重商品的质量和特色外，还会从多个方面进行综合考量，以确保直播间的最佳销售效果。以下是超级带货主播在选择商品时的具体操作案例。

1. 货品类别选择

以时尚服饰为例，超级带货主播小明在选品时，首先会考虑当季的流行趋势，并结合目标受众的年龄、职业、喜好等特点，选择如夏季连衣裙、T恤、短裤等热门且符合受众需求的服饰品类。

2. SKU 数量与组合

小明在每次直播中，都会精心挑选 10～15 件热卖或新品衣服进行展示。他会根据商品特性、价格区间、风格差异等因素进行巧妙组合，以确保直播中既有满足不同消费者需求的商品，又有性价比较高的产品，从而让受众在购物过程中有更多选择。

3. 商家类型合作

小明倾向于与有良好售后服务的知名品牌、商家进行合作。为保证消费者的购物体验，他会优先选择能提供优质货源、发货速度快、售后服务好的商家。

4. 话术与互动策略

在直播过程中，小明会通过提问和抽奖等方式增加与受众的互动，用幽默风趣的方式吸引受众的注意力。同时，他还会根据受众的反馈和需求，实时调整话术和互动策略，以提升直播间的活跃度和转化率。

5. 直播内容创新

为保持受众的新鲜感，小明在直播内容上不断创新。他尝试邀请设计师进行产品解读、搭配建议等，通过不同主题、场景布置及互动环节，让受众在购物的同时也能获取潮流的启发与知识。

6. 优质服务提供

在直播间内，小明提供商品详细介绍、试穿效果实景展示、快速回复解答等一系列优质服务。他还与快递企业合作，确保了消费者的货品可以按时送达。这些优质服务不仅提升了消费者的购物体验，也提高了消费者对主播的信任度和忠诚度。

7. 合作推广策略

小明会与其他知名主播、意见领袖或明星合作推广，以扩大自己的影响力。他选择符合自己风格和受众群体的合作伙伴，共同策划精彩的直播活动或推出联名产品，从而吸引更多潜在消费者的关注并购买产品。

通过上述精选商品的具体案例可以看出，超级带货主播在挑选商品的过程中，会通盘考虑、用心经营。这些策略不仅有助于提升直播间的销售效果，也有助于让消费者的购物体验变得更加优质便捷。

# 第九章
# 高转化直播话术：让你聊着天就把货带了

　　高转化策略是有效提高销售量的关键要素，其如同点燃销量小宇宙的魔法咒语。为了激发受众的购买欲望，所以特别引入了直播这一技巧。主播们以专业的姿态，将产品的独特性和优势以生动且富有吸引力的方式呈现给受众，使之产生强烈的购买意愿。同时，为营造轻松愉悦的氛围，巧妙地融入幽默元素，使受众在欢笑中建立信任。在直播的高潮阶段，推出限时特惠和丰厚礼品，营造出紧张刺激的购物环境，促使受众迅速做出购买决策。这种高转化的直播话术策略，不仅提升了主播的话语影响力，更促使商品销量实现显著增长。

## 第一节 话术魔法，转化飙升的秘诀

提升电商直播中的销售转化率，话术设计是一项至关重要的策略。精心策划的LiveTalks能有效吸引受众关注，并激发其购买欲望，从而实现销售转化率的显著提升。

在运用话术时，必须强调诚意和专业性。主播需对产品特点、优势及适用场景有深入了解，并运用简洁明了的语言进行介绍，以确保受众对产品有清晰的认识。同时，主播的态度应传递出真诚与信赖，使受众感受到所推荐商品的货真价实。

除了真诚与专业，话术还需具备吸引力。主播应展现热情与亲和力，要利用幽默、亲切的语气与受众互动。此外，分享亲身使用心得，展示产品效果，有助于激发受众对产品更强烈的兴趣。

在营销手段上，话术的运用需巧妙。主播可在直播中设置限时折扣、赠品等福利活动，营造紧张氛围，促使受众迅速下单。同时，通过引导受众关注、点赞、分享等方式，扩大直播影响力，吸引更多潜在消费者。

在电商直播的语境中，优化销售转化率所依赖的话术策略具有举足轻重的地位。以下是一系列建议性的话术攻略，旨在协助主播与受众建立更为有效的互动，从而激发受众的购买意愿。

1. 引导关注与互动

"亲爱的宝贝们记得点下关注哦，这样您就不会错过我们接下来的精彩直播和优惠活动啦。"

"新来的小伙伴，赶紧在留言区打声招呼让俺见识你们的积极性。"

2. 强调产品优势

"这款产品在设计上确实很独特，绝对是您衣柜里的必备单品，不仅实用而且超级时髦！"

"我们的产品品质有保证，是经过严格检测后上市的产品，可以放心购买哦。"

3. 限时优惠与促销

"宝宝们，赶紧看过来啊！买一送三，手慢无哦！赶紧下单吧，不然真的没了。"

4. 利用受众反馈

"看到不少宝宝在评论区说，想要这产品，那我就详细地给你们介绍一下吧！"

"之前买的宝贝都说好用，买了放心，肯定不会让人失望。"

5. 创造购买紧迫感

"这个货现在很火，库存已经不多了，如果要的话赶紧下单吧！"

"今天的优惠名额有限，先到先得，大家抓紧时间！"

6. 增强信任感

"我们店经营多年，口碑都不错，购买起来也比较放心。"

"我们的产品都是精挑细选出来的，质量有保障，使用起来也能让人放心。"

7. 个性化推荐

"这款衣服颜色款式都很适合您，看您这样穿，肯定很好看！"

"根据您以前的购买记录，我想这个产品可能就是您的菜了，您不妨一试。"

在运用直播话术时，主播们应当秉持真诚、热忱的态度，以在情感层面上与受众建立稳固的纽带。同时，主播还需根据直播内容的特性和受众的实时反馈，灵活调整话术策略，以优化转化效果。尽管话术的运用对直播效果有着显著影响，但销售转化率的核心要素还包括产品质量和售后服务等方面。因此，主播们在推广产品时，必须确保产品的质量和服务水平能达到一定标准，只有这样才能真正赢得消费者的信赖与喜爱。

## 第二节 "三板斧"话术，轻松驾驭直播间

在直播场景中，有效的言辞不仅能吸引受众的注意，同时也能显著提高受众的互动参与度和销售转化率。其中，"三板斧"话术作为一种简便且高效的方法，有助于主播更好地掌控直播节奏和氛围。

第一斧：破冰话术

直播伊始，受众往往处于观望状态。此时，主播需运用破冰话术，打破沉默，迅速拉近与受众的距离。例如，通过简短的问候和分享当日的趣闻或热门话题，激发受众的参与热情。破冰话术旨在让受众感受到主播的热情与亲和力，从而为后续直播内容的展开奠定良好的基础。

## 第九章 高转化直播话术：让你聊着天就把货带了

在直播带货的环节中，破冰话术的重要性不言而喻。它不仅能够拉近主播与受众之间的距离，还能提升销售转化率，并建立起双方的信任关系。以下推荐几种有效的直播带货破冰话术，以供主播们参考和运用。

（1）亲切问候

"各位网友，欢迎大家光临我的直播间！"

"谢谢每一位进来的小伙伴，希望大家在此体验愉快！"

"亲爱的小伙伴们，晚上好！"

"很高兴今天晚上我能再次与大家相聚，共享好物。"

（2）自我介绍与展示

"我是你们主播筱阿姨，希望你们喜欢，今天就把精选的一系列好物带给你们。"

"我不只是一名主播，更是一个热爱生活的人，也是一名共享者。"

"我的直播能让大家在生活中找到更多快乐。"

（3）互动引导

"直播间可以问候一下新朋友，让我知道大家都在！为了下次找我方便，你也可以点下关注。"

"看到评论区留言的小伙伴很多，真是幸福啊！每个人有什么想聊的，随时都可以跟我说。"

（4）分享生活与趣事

"今天看到超可爱的狗狗，上班路上心情都变得超好了。小伙伴们有遇到过哪些好玩的事儿，也一起来分享一下吧！"

"我最近新尝试了一款护肤品，效果确实非常好！大家猜猜看，猜对了就有奖啦！"

（5）轻松幽默

"呵呵，我都有点不好意思了，看到大家这么热情！但是只要大家都高兴我就心满意足了。"

"哎呀，这产品真好用恨不得多囤几件给自己""千万别跟我抢"。

（6）感谢与回馈

"很感谢你们一直以来对我的支持与关注，""我会不定期推出一些优惠活动，来回馈大家，请大家多多留意"。

"我真的超级感动，看到那么多支持我的小伙伴！我会再接再厉，把更多优质的内容和精品带给大家。"

在运用破冰话术时，主播们应当基于直播间的实时情境和受众反馈，保持一种诚恳而热忱的态度，并灵活地进行相应调整。同时，应避免过于生硬或夸张的表达方式，以确保受众不会感到不适或反感。通过这样的方式，主播可以有效地利用破冰话术提升直播的吸引力及销售转化率，进而与受众建立起良好的互动关系。

第二斧：产品介绍话术的构建

在直播带货的过程中，当受众对产品表达兴趣时，主播应运用专业而富有吸引力的产品介绍话术。这涵盖了对产品功能、特点、使用场景等的详尽阐述，并结合亲身体验或用户评价以增强说服力。在介绍过程中，主播应保持语速适中、语气亲切，以确保受众能够轻松理解，并激发他们的购买欲望。

直播带货中，产品介绍话术的技巧与受众的关注程度、兴趣爱好及购买意愿密切相关。以下是关于直播带货中产品介绍话术的几个关键要诀：

（1）引人入胜的开场

一场成功的直播带货，其开场至关重要，要能够迅速聚焦受众的注意力。建议通过提出问题、讲述故事设置悬念，或直接采用富有创意的开场方式，以吸引受众的兴趣。例如，"大家好，今天我将为大家呈现一款能够显著提升您日常生活品质的神器，您是否好奇它究竟有何独到之处呢？"

（2）突出产品核心特点

在产品介绍环节，务必强调其独特性和核心卖点。请采用简洁明了的语言，从材质、功能、设计、性能等多个角度，全面描述产品的特性。例如，"这款手机凭借其领先的传感器技术，实现了卓越的拍照效果，这无疑是它最大的亮点。"

（3）运用生动比喻

为了使受众更直观地理解产品特性及优点，建议采用生动形象的比喻。可以将产品的某一功能与日常生活中常见的物品或行为进行类比，以激发受众的共鸣。例如，"这款耳机的音质如同现场音乐会一般，让您仿佛置身于音乐的海洋，享受无与伦比的听觉盛宴。"

（4）分享真实使用感受

分享个人或他人的实际使用感受，有助于提升产品的说服力和可信度。请在产品介绍中穿插自己或他人的使用体验，强调产品带来的实际效益。例如，"作为这款产品的忠实用户，我深感其便捷性，无论是日常出行还是旅行，它都成为我的得力助手。"

（5）强调优惠信息

优惠活动是提高直播带货转化率的有效手段。请在产品介绍过程中，突出当前的优惠政策，如限时折扣、满减、赠品等。例如，"现在购买还可享受限时折扣，机会难得，切勿错过！"

（6）展示实际效果

直播带货的优势在于能够实时展示产品的实际效果。请通过现场演示、对比测试等方式，让受众直观地了解产品的性能及效果。例如，"请看，这是我使用该产品拍摄的画面，清晰度极高，色彩鲜艳。"

（7）及时解答受众疑问

在直播过程中，受众可能会对产品产生疑问或不解。请及时回应并解答受众的疑问，消除他们的顾虑。这既有助于增强受众的信任感，也有助于提高受众的参与度。

（8）明确呼吁受众行动

在直播的尾声，请明确地向受众发出购买或其他行为的呼吁。使用鼓励性的语言，引导受众做出决策。例如，"喜欢这款产品的朋友们，别再犹豫了，赶快下单吧！数量有限，先到先得！"

通过运用以上技巧，您将能够提升直播带货的效果和销售转化率，打造出更具吸引力的产品介绍话术。

第三斧：在直播场景中，促进交易的达成是核心目标

在直播场景中，促进交易的达成是核心目标，因此，主播应精心运用促销引导话术，以激发受众在直播尾声或关键节点产生强烈的购买欲望。这些话术可涵盖限时优惠、买一送一、满额减免等多种促销策略。同时，主播亦可通过营造紧张氛围，促使受众迅速下单，并强调产品的稀缺性，以增强购买的紧迫感。

促销引导话术在直播带货过程中扮演着至关重要的角色，能够有效提升受众的购买意愿。以下是一些建议的促销指导话术，以供参考。

（1）限时抢购引导

"亲们，这款产品就剩最后几件了，错过今天，可能还要等好久！"

"赶紧行动起来下单吧！"

"限时抢购开始啦！手慢无，想要的亲们赶快行动吧！"

（2）优惠福利诱惑

"今天在直播间下单的小伙伴们，都可以享受额外优惠券或者小礼品。"

"别犹豫了，现在购买还有满减活动，多买多优惠！"

（3）库存紧张渲染

"哎呀，这款产品的库存真的不多了，大家要抓紧时间啊！"

"看来这款产品大家都挺喜欢的，库存在迅速减少，想要的亲们可得抓紧时间了。"

（4）品质保证强调

"我们家的产品都是经过严格的质量检验，绝对有保证，所以购买起来也是放心的。"

"买得放心，用得舒心。""选了我们的产品，就等于选了高质量，就等于选了信得过。"

（5）用户评价引用

"很多买过的朋友反馈，这款产品非常好用，你们看看用户的评价就知道了。"

"看看其他用户的真实评价，相信你会做出明智的选择。"

（6）直播间专属优惠

"这个优惠价只有在直播间下单的小伙伴才能享受哦，千万别错过！"

"这是我们直播间的专属福利，错过了今天就没有啦！"

（7）搭配销售推荐

"如果您购买了这款产品，建议您再搭配这款，一起购买优惠更多。"

"亲们，看这两款产品搭配使用，简直是天衣无缝啊，现在还有折扣可以一起买哦！"

（8）结尾强调与期待

"好啦，今天直播已经接近尾声了，还未下单的亲们可真得抓紧时间啦！"

"感谢各位网友的收看和支持，也期待着下次直播的时候能和大家见面，也希望到时候能多看到几张新面孔。"

通过精心设计的推广引导话术，我们可以显著提升直播间的销售转化率，从而有效激发受众的购买欲望。在直播过程中，务必要保持热情而诚恳的态度，以确保受众能够感受到主播的用心和专业。简而言之，我们称之为"三板斧"的这套话术，旨在为主播提供一种简便高效的方法，以轻松驾驭直播间，并提升受众的参与度和转化率。然而，除了这三板斧之外，主播们还需要根据不同的情况和需求，灵活运用其他话术技巧，以确保最佳的直播效果。

# 第十章
# 转化率提升大法：直播带货更上一层楼

直播带货已成为当前电商领域的瞩目焦点。它通过独特的方式，巧妙地将娱乐与销售融为一体，营造出一种狂欢的氛围，使消费者在观赏时产生强烈的购买欲望。其魅力主要源于实时互动的特点，主播与受众的热络交流如同朋友般亲密，彼此间的信任感增强，根据受众反馈进行的策略即时调整迅速提升了受众的购买冲动与购买率。

更为关键的是，直播带货为消费者提供了更为直观的商品展示方式，仿佛打开了一扇通向真实世界的窗户，让消费者能够更清晰地了解商品，从而增强购买的信心与决心。

## 第一节　主播助理：直播间的得力助手

在优化直播效果、协助主播顺利完成直播的过程中，直播主播助理扮演着至关重要的角色。为了胜任这一职位，并成为一名优秀的直播主播助理，需要掌握一系列关键的技巧和素质，见表10-1所示。

表10-1　主播助理能力表

| 项　目 | 内　容 |
| --- | --- |
| 了解直播行业 | 首先要对直播行业有基本的了解，包括行业趋势、热门平台、受众群体等。这样有助于你更好地协助主播进行直播内容的规划和定位 |
| 沟通协调能力 | 作为助理，你需要与主播、团队成员、受众等各方进行有效沟通。能够清晰地传达信息、解决问题，并处理各种突发情况 |
| 灵活应变能力 | 直播过程中常常会出现意外情况，如技术故障、受众投诉等。作为助理，你需要保持冷静，迅速应对，确保直播的顺利进行 |
| 专业知识储备 | 尽管你不是主播，但了解一些与直播相关的专业知识也是很有帮助的，如产品特点、市场趋势等，这样可以在必要时为主播提供有价值的建议和信息 |
| 细心负责 | 直播过程中需要关注各种细节，如弹幕互动、受众反馈等。作为助理，你需要时刻保持关注，确保直播内容的质量和受众满意度 |
| 团队协作 | 在直播团队中，助理需要与其他成员紧密合作，共同完成任务。需要具备良好的团队协作精神和意识，能够促进团队的高效运作 |
| 持续学习 | 直播行业变化迅速，作为助理，你需要不断学习和更新自己的知识，以适应行业发展的需求。关注行业动态，学习新的技能和方法，有助于你更好地胜任工作 |

总体而言，在保持积极向上的心态和敬业精神的同时，成为一名卓越的直播主播助理，必须持续不断地提升个人能力。通过不断的经验累积，在行业中脱颖而出。

在直播带货领域，主播助理与主播紧密合作是共同打造提升受众购物体验的优质直播内容的关键。

一些优秀的主播助理凭借自身的努力和天赋，在直播领域取得了显著成就。他们为主播们提供了强有力的支持，为受众带来了更多高质量的直播带货内容。相信在未来的日子里，他们将继续发挥所长，为直播带货产业的繁荣发展贡献更多力量。

## 第二节　助理大揭秘：多种工作类型全解析

在直播行业中，主播助理的职位起着举足轻重的作用，主播助理通常要承担诸多烦琐且繁重的工作，是主播不可或缺的得力助手。接下来，我们将对主播助理的不同工种进行综合分析。直播带货主播助理在忙碌的一天中面临诸多挑战，充分展示了其专业能力与责任感，见表10-2所示。

表10-2　主播助理的一天

| 时间 | 工作内容 |
| --- | --- |
| 清晨 | 主播助理早早醒来，开始为新一天的工作做准备。他们首先会查看前一晚直播的反馈和数据分析，了解哪些产品受到受众喜爱，哪些环节需要改进。根据这些信息，来调整当天的直播策略，确保更加符合受众的观看口味 |

续表

| 时间 | 工作内容 |
| --- | --- |
| 上午 | 主播助理会投入紧张的选品工作中。他们需要与商家沟通，了解产品的详细信息，包括价格、优惠折扣等。同时，主播助理还需要确保产品质量和售后服务的可靠性，以维护直播间的声誉和受众的信任。选品工作完成后，主播助理会开始整理产品介绍、优惠信息等直播素材，为接下来的直播做好准备 |
| 午后 | 主播助理与主播一起进行直播前的彩排。他们协助主播熟悉产品特点，演练直播流程和互动环节，确保直播过程中能够流畅自如地介绍产品并回应受众的提问。在彩排过程中，主播助理还会根据主播的表现提出改进意见，帮助主播提升直播效果 |
| 傍晚 | 直播正式开始。主播助理会紧密关注直播进程，随时准备回答受众的问题，协助主播处理突发情况。在直播过程中，主播助理会根据受众的反应和实时数据调整直播节奏和内容，从而吸引更多受众的关注和购买 |
|  | 直播结束后，主播助理的工作并没有结束。他们需要整理直播数据，分析受众的反馈和购买行为，为下一次的直播提供宝贵的借鉴和参考建议。同时，主播助理还要与商家结算货款、处理售后问题等后续工作，确保整个直播流程的圆满结束 |
| 晚上 | 主播助理可能会继续加班，准备和列出第二天的直播素材与计划。他们可能会与主播沟通新的直播主题和创意，或者与其他团队成员协调工作流程，以确保整个团队能够高效协作，共同推动直播带货的顺利开展 |

直播带货的主播助理们在这一日的工作中展现出了高度的专业性与职业精神。他们不仅具备扎实的专业素养和敏锐的洞察力，还能够在应对各种突发状况和挑战时展现出卓越的沟通能力。正是他们的辛勤付出和无私奉献，为直播带货行业的繁荣发展贡献了不可或缺的力量。

在直播前的准备阶段，主播助理们协助主播精心筛选商品，策划直播内容。他们深入了解商品，协助主播制作商品介绍文案，确保商品特性在直播中得到准确且生动的呈现。此外，他们还负责直播间的整理和设备调试，确保直播环境整洁且设备正常运转。

在直播过程中，主播助理们的工作更显得复杂而多变。他们协助主播处理弹幕和评论，维持直播间的秩序和氛围，并与受众互动，回答提问。同时，他们还关注直播数据，对受众反馈进行实时分析，协助主播调整直播策略，来提升直播的实效性。

直播结束后，主播助理们的工作并未结束。他们协助主播进行直播汇总、数据分析和反馈收集。他们整理直播过程中的亮点和不足，为下一步的直播工作提出改进意见，以应对未来的挑战。同时，他们还关注销售数据和用户反馈，对直播效果进行深入分析，为主播提供宝贵的参考资料。

除了上述基本职责外，主播助理们还可能涉及一些特殊的工种。例如，网络运营号维护、直播艺人推广等，他们通过指定软件增加曝光度和粉丝量。此外，为保证直播过程中的货源供应和样品管理的有序进行，主播助理们还需配合主播进行业务洽谈和样品管理。

总而言之，主播助理的工作重要又烦琐，他们对直播而言作用巨大。因此这一职业需要他们具备专业的知识和技能，无论是直播前的准备、直播过程中的协助，还是直播结束后的总结反馈，都需要他们展现高度的专业素养和责任感。

## 第三节　主播缺席？助理来补位

在直播电商的蓬勃发展中，主播们扮演着举足轻重的角色。他们独特的风格、专业的特长以及个人的魅力，直接对直播间的氛围和销售成果产生决定性的影响。不过，尽管主播对直播而言是如此重要，但有个不能避免的事实就是，他们总有因为各种原因缺席直播的情境，就算是正常上班，也有双休、节假日、病事件什么的，主播也是血肉之躯，因此不可能365天天天在播。面对这样的情况，主播助理的角色就显得尤为重要了。

因此，作为主播助理，应该具备一些能力，以在紧急情况下代替主播进行直播，让直播得以正常进行。

（1）主播助理需具备迅速适应角色转换的能力，在必要时承担直播职责。他们应事先熟悉直播内容、商品信息、互动环节等，以确保直播的流畅性。在直播过程中，他们应灵活运用专业知识和沟通技巧，确保直播间氛围不受影响，并为受众解答疑惑。

（2）主播助理在补位过程中，应充分展现个人性格和特色。虽然他们长期在主播身边，但他们毕竟不是主播，因此无须完全模仿主播。相反，他们应将个人特长与风格相结合，为受众带来全新的视听体验。此举旨在吸引更多受众关注，为主播争取更多粉丝。

（3）在补位期间，主播助理应密切关注直播数据，并根据实际情况及时调整直播策略。他们需关注销售数据，以最大化直播效果。同时，为确保直播各环节顺畅衔接，他们还需与团队其他成员保持紧密沟通。

（4）主播助理应保持高度的责任感和敬业精神。尽管他们只是主播的临时替补，但依然对直播间的形象和口碑有重大影响。因此，他们需确保将每个细节都做到位，全身心投入直播，为受众提供优质的直播体验。

综上所述，主播助理的及时补位对于保障直播顺利进行至关重要。他们需要在保持高度责任感和敬业精神的同时，迅速适应角色转变，展现个性和特点，并密切关注直播数据来调整策略，这样才能确保直播间的热度和互动不受影响，为受众带来优质的直播体验。

## 第四节　秒杀技巧：主播与助理的绝妙配合

在电商直播实践中，主播与助理之间所展现的默契配合对于提升销量和用户满意度具有举足轻重的作用。特别是在秒杀环节，二者之间的完美协作更是成为吸睛的亮点。

直播带货过程中，不乏主播与助理默契配合的典型案例。其中一例如下：主播专注于主要产品介绍与受众互动，而助理则负责后台管理、数据监控以及应急处理。在一次直播带货活动中，主播对一款具备高性能、卓越拍照效果及出色续航能力的智能手机进行了详尽且流畅的介绍。同时，助理在直播间内密切关注受众的反馈、购买数据以及产品库存情况。

当直播间中一位受众对手机的信号接收能力提出疑问时，主播迅速作出反应，示意助理查找相关资料。助理迅速查阅了手机的技术规范、用户评价等，为主播提供了准确的答案。主播随后将这一答案传达给受众，并补充了一些令受众满意的个人使用心得。

随后，助理发现手机库存开始减少，便及时提醒了主播。主播据此调整策略，加大了对这款手机的宣传力度，并提醒受众抓紧时间下单。在主播与助理的默契配合下，这款手机的销量迅速攀升，成为当时的爆款产品。

此案例充分展示了主播与助理在直播带货过程中的紧密合作与默契配合。主播负责吸引受众注意力并解答问题，而助理则提供必要的支持和信息，共同营造了一个流畅、高效的直播环境。这种合作模式不仅提升了直播的品质，还增强了受众对产品的信任度和购买意愿，为直播带货的成功奠定了坚实的基础。

主播与助理在秒杀活动中的默契配合至关重要，具体体现在以下三个方面。

（1）事前准备。主播与助理需事先进行详尽的沟通，确保对秒杀商品的特性、价格及优惠信息有全面的了解。主播负责运用生动、吸引人的语言引导受众关注秒杀商品，激发其购买欲望；而助理则需实时监控后台数据，提供销售数据和库存信息，以支持主播根据实际情况调整销售策略。

（2）实时协作。在秒杀活动开始前，主播与助理应共同制订明确的分工方案。主播负责引导受众，通过倒数等手法营造购物氛围；助理则负责后台监控，确保秒杀商品的库存、订单生成等顺利进行。同时，对于可能出现的网络延迟、订单生成失败等突发情况，助理需做好应急准备，确保问题得到及时解决。总之在直播过程中，主播与助理在秒杀过程中需保持紧密的交流与协作，主播需关注受众反馈和需求，及时调整话术和策略；助理则需实时提供销售数据和库存反馈，协助主播做出精准判断。对于受众的互动问题、疑问及投诉等，主播与助理需共同关注，以确保受众满意度。

（3）事后总结。秒杀活动结束后，主播与助理需进行总结和复盘，包括评估分析秒杀活动的效果，总结经验教训，为今后的直播活动提供借鉴。同时，根据受众的反馈和销售数据，对秒杀策略和流程进行优化，以提升秒杀活动的成功率和用户满意度，为今后的直播活动打下坚实的基础。

# 第十一章
# 直播带货秘籍：爆款打造与网红风范

　　直播带货的成功秘诀在于与网红形成强有力的合作，共同打造爆款产品。要实现这一目标，首先需筛选出品质卓越、具备显著市场潜力的产品，并对其独特优势进行深入剖析。随后，运用创造力和技巧，通过生动、真实且诱人的互动方式，引发受众的强烈共鸣，激发其购买欲望。

　　网红风格的塑造则依赖于个人的专业素养、亲和力及知识储备。重要的是与受众建立深厚的情感联系，让他们感受到你并非冷漠的卖家，而是值得信赖的朋友。同时，持续学习同样关键。通过持续学习，才能不断提升个人的专业素养和直播技能，从而在竞争激烈的直播带货市场立足，进而成长为网红。

## 第一节　预热视频炸裂全场，点燃购物欲望

预热视频在直播带货中扮演着举足轻重的角色，它能够有效激发消费者的购物欲望，为直播活动的热烈氛围奠定坚实的基础。精心策划的暖场视频能够迅速抓住受众眼球，引发他们对直播内容的浓厚兴趣，进而推动直播间流量和参与度的持续提升。

以下是一个具体案例的阐述。

某知名美妆主播为即将到来的新季彩妆系列进行直播带货活动，为此精心制作了一系列预热视频。这些视频不仅充分展示了新季彩妆独特而绚丽的设计，更通过引人入胜的故事线和美妆教程的形式，成功引导受众对新产品产生浓厚的兴趣和好奇心。

其中，一个以时尚女郎日常化妆教程为主题的预热视频尤为引人注目。视频中的姑娘们首先介绍了她们的妆容风格和所需产品，随后利用新季彩妆系列产品，一步步展示了她们打造出时尚、精致妆容的过程。在视频结尾，姑娘们还特别强调了新季彩妆的独特优势和使用感受，进一步激发了受众的购买欲望。

这些通过社交媒体平台广泛传播的预热视频，成功吸引了大量用户的关注，并获得了大量转发。许多消费者在观看预热视频后，纷纷表示对新

产品产生了浓厚兴趣,计划在直播当天准时进入直播间观看和选购。

该主播的直播间在直播当天异常火爆,销量屡创新高。消费者在直播间内积极互动,分享化妆心得,对产品的销售起到了积极的推动作用。

此案例充分证明了直播带货过程中预热视频的重要性。通过有趣、诱人的精心策划和制作,预热视频能够有效吸引受众眼球,提升他们的兴趣,为直播活动的顺利进行和产品的成功销售奠定坚实的基础。

为确保视频能够有效吸引受众,提高直播的曝光度和参与度,在制作直播预热视频时,需特别注意几个关键点,具体见表11-1所示。

表11-1 制作预热视频的几个关键点

| 项 目 | 内 容 |
| --- | --- |
| 明确主题和目标受众 | 预热视频的内容应与直播主题紧密相关,并针对目标受众的喜好和兴趣进行定制。这样能够更好地吸引潜在受众的注意力,并让他们对直播充满期待 |
| 注重视频的创意和趣味性 | 创意是吸引受众的关键,因此预热视频的内容需要具有新颖、有趣的特点。可以通过独特的拍摄手法、有趣的情节设置或引人入胜的悬念来吸引受众的好奇心,激发他们的观看欲望 |
| 确保视频画质和音质清晰 | 高质量的视频和音频能够提升受众的观看体验,让他们更愿意继续关注和参与直播。因此,在制作预热视频时,需要注意拍摄设备的选择和后期处理的精细度 |
| 利用短视频平台的特性 | 短视频平台通常具有快节奏、碎片化的特点,因此预热视频需要尽可能地简洁明了,突出重点。同时,可以充分利用短视频平台的标签、话题等功能,提高视频的曝光度和传播效果 |
| 合理安排预热视频的发布时间 | 根据直播的具体时间和受众的生活习惯,选择合适的发布时间。例如,在直播前一天到两天发布预热视频,以便给受众留下足够的时间来关注和准备参与直播 |

在制作直播预热视频时,需确保主题明确、创意独特、画质清晰,并

充分利用平台特性，同时合理安排发布时间，以提高直播的可看性和受众的参与度，从而吸引更多潜在受众。

与网红或知名主播合作是制作预热视频的重要策略之一。通过网红或知名主播的推广和转发，能够迅速扩大视频的传播范围，吸引更多潜在受众。此外，设置悬念和悬赏机制也是调动受众兴趣的有效手段，例如，在承诺直播中将有更多惊喜和优惠的同时，视频中可透露部分产品信息，以引发受众的期待和关注。

当预热视频成功吸引受众进入直播间后，主播应把握时机，通过生动、真实、引人入胜的互动，使受众对产品产生浓厚兴趣。同时，结合限时抢购、返券等营销策略，进一步刺激受众的购买欲望，以实现快速增长的销售目标。

总体而言，直播带货的效果与预热视频的成功与否密切相关。通过精心制作和巧妙运用各种手段，预热视频能够极大地激发现场受众的购物欲望，为直播活动的圆满成功奠定坚实的基础。

## 第二节 直播间封面+标题，吸睛大法揭秘

直播间的封面与标题，作为吸引受众点击进入直播间的关键元素，其设计对直播间的曝光率具有直接影响。因此，为提升直播效果，掌握一套精准有效的吸引受众注意的策略至关重要。直播间封面与标题案例见表11-2所示。

表11-2 直播间封面与标题案例

| 序号 | 项目 | 详情 |
| --- | --- | --- |
| 例子一 | 封面 | 展示一位时尚博主穿着新款春季连衣裙，背景是盛开的鲜艳花朵 |
| | 标题 | 春日新风尚！时尚博主亲授连衣裙搭配秘籍，让您美出新高度 |
| 例子二 | 封面 | 展示多款热门美食的摆盘，色泽诱人，令人垂涎欲滴 |
| | 标题 | 吃货的天堂！主播带你品尝地道美食，让您足不出户也能吃遍天下 |
| 例子三 | 封面 | 展示一部热门手机的高清大图，强调其独特的设计和出色的性能 |
| | 标题 | 黑科技手机来袭！超强性能，超美外观，让你欲罢不能 |
| 例子四 | 封面 | 展示一位健身教练正在进行专业训练的动作，身材健硕，充满力量感 |
| | 标题 | 跟着专业教练一起健身！打造完美身材，迎接夏日挑战 |
| 例子五 | 封面 | 展示一款儿童玩具的趣味玩法，色彩丰富，图案可爱 |
| | 标题 | 孩子的快乐时光！精选儿童玩具，让宝贝快乐成长每一天 |

通过引人入胜的封面和标题，能够激发用户的兴趣和好奇心，为直播间成功引流奠定坚实的基础。

可见，直播间的封面和标题相当重要。那么，在构思直播间封面和标题时，应当遵循哪些要点呢？

（1）直播间作为展示给用户的第一印象，其封面不仅需要在视觉上对受众产生冲击力，还需吸引住用户的目光。因此，封面画面应保持高清且富有美感，紧密围绕直播内容，能够准确传达直播的主旨和亮点。例如，当直播涉及时尚穿搭时，封面可选用时尚达人的精美照片，并搭配"春季潮流必备——时尚穿搭大揭秘"等醒目标题，来吸引消费者的点击。

（2）标题的撰写同样至关重要。标题应言简意赅，直接点明直播的核心内容，既要有吸引力，又要有感染力。通过提问、制造悬念或强调优惠等方式，均能有效吸引受众的注意力。如"揭秘网红妆容的轻松打造技巧""快来探索未知的奥秘"等标题，能够激发受众的好奇心，促使他们点击进入直播间。

（3）深入了解并设计目标受众的喜好和需求，是提高封面和标题吸引力的有效手段。通过设计出更符合目标受众口味的封面和标题，可以显著提高点击率和转化率，这要求设计者要对目标受众的兴趣和购买习惯进行深入了解。

（4）持续优化和调整封面及标题设计，是保持其感染力的关键。通过分析受众的反馈和点击数据，可以了解哪些设计元素更受欢迎，进而对设计进行逐步优化和改进，以增强吸引力。

综上所述，直播间封面和标题的设计是吸引用户关注的关键环节。通过精心制作和持续优化封面与标题，可以显著提高直播间的曝光度和收视人数，为直播带货的成功奠定坚实的基础。

## 第三节　脚本之王，直播带货的命脉

在直播带货这一充满活力且持续创新的营销模式中，脚本的重要性不言而喻。它既是直播带货的核心要素，也是确保直播活动顺畅进行、主播与受众有效沟通的桥梁。一部经过精心策划的脚本能够显著提升直播的吸引力、专业度以及受众的参与度，进而促进销售转化率的提高。

脚本在直播带货中扮演着至关重要的角色，引导直播的顺利进行。一场成功的直播带货需要主播具备优秀的表达能力和节奏感，而脚本则是主播们的"导航仪"，为主播量身定制，确保其思路清晰、节奏得当。通过遵循脚本，主播即使在面临紧张或失误导致的直播中断或混乱时，也能够有条不紊地推进直播进程。

直播带货是一种高度互动的营销方式，主播需要随时应对受众的提问、评论和反馈。一个优秀的脚本能够帮助主播在直播中保持镇定、自信、专业的状态，回答受众提问时条理清晰，充分展现产品的特色与优势。同时，脚本还能协助主播更好地掌控直播气氛，营造轻松、愉快、有趣的购物环境。

此外，一部精心设计的脚本也能有效吸引受众。销售转化的关键在于直播带货的受众。一个有趣且富有创意的脚本能够吸引受众的注意力，激发他们的购买欲望。利用脚本讲述产品故事、展示产品使用场景、分享用户真实评价，使他们对产品有更深入的了解，从而引导受众产生购买行为。

最重要的是，脚本在提升销售转化率方面发挥着重要作用。一部优秀的脚本能够准确传达产品的特点和优势，引导受众产生购买欲望。同时，通过在脚本中设置合理的价格、设计优惠活动等策略，能够进一步激发受众的购买热情，提升销售转化率。

因此，在直播带货中，脚本扮演着至关重要的角色。精心设计的脚本不仅能够确保直播的流畅进行，还能保证主播在直播中保持专业、有条理的状态。这不仅有助于提升销售转化率，还能有效吸引和留住受众。因此，重视脚本的设计和编写是直播带货主播与运营团队提升直播带货效果的关键方法之一。下面分享一个主播直播带货脚本，见表11-3所示。

表11-3　主播直播带货脚本

| 直播带货脚本 ||
| --- | --- |
| 直播目标 | 带货10万元，吸粉5万 |
| 直播人员 | 小明、小胖 |
| 直播时间 | 2024年5月11日21:00—22:30 |
| 直播主题 | 工厂合作最低价女士秋装 |
| 直播准备 | 设备调试、货品整理、后台产品（电商平台）链接佣金申请 |

续表

| 时间段 | 流程 | 步骤 | 具体内容 | 备注 |
| --- | --- | --- | --- | --- |
| 20:00 | 开场 | 自我介绍 | 大家好,欢迎来到我的直播间,我是你们的主播小明。今天是个特别的日子,我要先祝各位女神购物开心,买得过瘾,看得过瘾。接下来,我要为大家分享一些优质的好礼物和产品 | 打招呼 关注说3遍 |
| 20:10 | | 活动主题介绍 | 今日,我给大家备好了一些礼物,还设置了抽奖环节,奖品包括秒杀券在内的一堆好货。此外,还有专门为女生准备的能提升气质的美丽的饰品。不管你是从南走到北,还是在上班、创业、上学,今天,每个人都有机会赢取这些产品和奖品。大家可以先分享直播间,叫上身边的朋友一起来参与,人越多,中奖的概率就越大,说不定能抽中全家桶,人人有份哦 | 主题吸引 关注说3遍 |
| 20:20 | 产品介绍 | 价值开发 | 大家好,我来给大家展示一下今天的衣服效果。衣服的价格不是我定的,而是你们定的。大家在直播间把1扣起来,人越多,赠送的就越多,优惠就越大。今天直播间购买还有其他小礼物送哦 | 扩大梦想、需求、痛点、增强自家产品优势 |
| 20:40 | | 产品讲解 | 接下来,我们要介绍一款福利商品。今天,大家要把直播间分享出去哦!这款衣服你们喜欢吗?喜欢的就按下1,按得越多,我们的价格就降得越多。现在价格是2800,每按下一次1,我们就减10元。今天,运气好的小伙伴有机会用极低价格甚至免费获得哦!同时,如果直播间人数达到1000人,我们就直接降价到500元!我们马上开始抽奖,倒数几个数,时间到,第一个下单的小伙伴我们就免费送啦!直播间的小伙伴们,你们觉得怎么样?现在衣服降价到500元,再刷一下,现在是300元,再刷一下,准备降到59元,有想要的吗?刷一下。这件衣服是我们店铺的双号商品,喜欢的可以下单啦!我们准备最后的免费抽奖,刷一下!(小号可以自己下单,看情况,也可以由粉丝真实产生)今天,我们准备了10个最大优惠哦 | 产品展示为主 关注说3遍 |

续表

| 时间段 | 流程 | 步骤 | 具体内容 | 备注 |
|---|---|---|---|---|
| 21:00 | 抽奖互动 | 抽奖 | 今天,我们直播间里有各种风格的衣服,让你们眼花缭乱!第一款是气质漂亮的,第二款是休闲风的,第三款是淑女范儿的,第四款是职场风的,第五款是港味儿的。今天关注我们直播间的宝贝们有福啦!看这款衣服,天猫上卖1000元,但只要关注了我们直播间,就有超级福利等着你。等我数到10,拍到这款衣服的宝贝们只需要48元就能买到原价1000多元的衣服。而且我们还赠送围巾、帽子等配件哦!赠品有限,下手要快!好了,现在开始倒数10个数,客服改价格。10、9、8……好,客服把价格改回来 | 让大家多转发 关注说3遍 |
| 21:10 | 秒杀环节 | 第一轮秒杀 | 咱们家的衣服,在活动期间有秒杀优惠,可以拿到特价购物券(找客服领券哦)。限时秒杀,就两分钟,别错过啦 | 秒杀指引 直播间主播介绍 关注说10遍 |
| 21:20 | | 第二轮秒杀 | 购物券秒杀价赶紧抢(找客服领秒杀券),秒杀期间还有其他福利,找客服留言,还能获赠小样哦 | |
| 21:30 | | 第三轮秒杀 | 今天是秒杀价购物券的日子,别错过这个难得的机会!赶紧联系客服领取秒杀券吧。活动有限,不是天天都有哦!在秒杀时间段购买,优惠多多。商品快到了,别忘了给粉丝们补齐差价哦 | |

接下来,我们将对直播带货的模板范例进行深入剖析。由于篇幅和焦点的考量,我们在此省略了正式带货前的详尽准备环节及后续带货流程的具体步骤,此处理旨在凸显核心要素,同时确保所传达信息的精确性和规范性,具体见表11-4所示。

表11-4 直播带货脚本

| 直播日期 | 2024年5月19日19:00—23:00 | 直播时长 | 4个小时 |
|---|---|---|---|
| 直播目标 | 创造利润1万元，涨粉100个 | 直播总体节奏 | 直播过程每半小时，抽奖、推广、红包、拍卖。直播过程中多谢关注的人，多引导关注、点赞，多介绍本场活动及本账号。<br>整场节奏速度要快，气氛营造紧张火热的场景人设 |
| 直播产品 | 美妆、零食、服装类 | | |

| 直播过程 ||||||||||
|---|---|---|---|---|---|---|---|---|---|
| 序号 | 时间 | 直播环节 | 直播话术 | 直播时长 | 直播产品 | 规格型号 | 直播单价 | 直播底价 | 产品份数 | 备注 |
| 1 | 19:00—19:05 | 预热开场 | 欢迎来到直播间的宝宝们，喜欢主播的可以上方点个关注，点点小红心 | 3~5分钟 | | | | | | |
| 2 | 19:05—19:20 | 活动说明 | 我数3个数客服开始截图，如果您是在截图每页第一个的话，我将把我手里的这个产品免费包邮给 | 10~15分钟 | | | | | | |
| 3 | 19:20—19:30 | 产品介绍 | 先看我手上拿的这条牛仔短裤，质量超级好，板型超级正，还很时尚，破洞的 | 10~15分钟 | 牛仔裤 | 规格1 | 146条 | 70条 | 1000条 | |

鉴于您可能对脚本编写的内容有所疑惑，这里我们提供一个标准的空白脚本模板，以供参考。此模板旨在为您提供一个框架，以便您能够根据具体需求和创作意图进行内容的填充和完善，具体见表11-5所示。

### 表11-5 空白脚本模板

| 概要 | 直播时间 | | 直播核心 | | |
|---|---|---|---|---|---|
| | 场地 | | 品类 | | |
| | 人员 | | 爆款 | | |
| 直播主题 | 供应商背书 | | | | |
| | 利益点 | | | | |
| | 福利/活动 | | | | |
| | 优惠策略 | | | | |
| 直播目标 | GMV目标 | | 热度目标 | | 增粉目标 |
| | GMV达成 | | 热度达成 | | 增粉达成 |
| | GMV达成率 | | 热度达成率 | | 增粉达成率 |
| | 主推商品 | | | | |
| 准备工作 | | | | | |
| 场景准备 | 背景板 | | 直播背景板 | | |
| | 桌子 | | | | |
| | 珠宝道具、道具盒 | | | | |
| | 灯具准备 | | 灯光效果、清晰度、角度 | | |
| | 电脑 | | | | |
| | 镜头 | | | | |
| | 手机支架 | | | | |
| | 显示器 | | | | |
| 道具准备 | 服装 | | | | |
| | 搭配服装、服饰 | | | | |
| | 妆面、发型 | | | | |
| | 小镜子 | | | | |
| | 证书 | | | | |

续表

| | | | | | | |
|---|---|---|---|---|---|---|
| 店铺准备 | 按照《直播商品信息表》排查店铺信息 | | | | | |
| | 客服准备 | | | | | |
| | 主播直播链接准备 | | | | | |
| 中控准备 | 主播价 | | 价格表，发到各中控电脑上 | | | |
| | 上链接 | | 链接预先上到中控台中 | | | |
| | 确认《直播商品信息表》到位 | | 直播信息表生成 | | | |
| | 副创准备 | | 品牌logo+平台logo | | | |
| 商品准备 | 预告准备 | | 标题：品牌一折供货图片 | | | |
| | 公告准备 | | | | | |
| | 插件准备 | | | | | |
| | 确认每一款商品的搭配 | | | | | |
| | 产品讲解话术 | | | | | |
| | 所需配饰 | | | | | |
| | 商品出场顺序 | | | | | |
| | 直播活动规划 | | | | | |
| 直播流程描述 | | | | | | |
| 时间/事件 | 主播 | | 辅播 | 中控 | 场控 | |

续表

| 时间 | | | | | |
|---|---|---|---|---|---|
| 11:00—13:00播前准备定制方案 | 妆容、发型 | 妆容、发型 | 直播后台/商品上架 | 控制场间节奏 | |
| | 再次熟悉品牌/商品/搭配/顺序 | 再次熟悉品牌/商品/搭配/顺序 | 确认网络、灯光、设备 | | |
| | 调整状态 | 调整状态 | 核对商品库存 | | |
| 13:00—13:50商品快速过款 | 和粉丝打招呼 | 关注粉丝的热情度 | 准备货品 | | |
| | 介绍今天的特点/两点 | 标注粉丝特别感兴趣的款 | 产品价格更改 | | |
| | 预告今天的款式/活动/开播福利 | 不间断地让粉丝关注直播间 | | | |
| | 适当地透露商品价格，快速过款 | 回答客户的互动，或者提醒主播回答 | | | |
| 14:00—15:00款式秒杀 | 过款顺序 | 作准备，清场话术，好评、反馈、主播互动 | 准备修改价 | | |
| | | 准备好主播讲解的款式，依次按照顺序排列 | | | |
| | | 款式讲解的顺序 | | | |
| | | 教拍，引导客户下单 | | | |
| | | 提示主播，口播关注 | | | |
| 15:10—15:30，30款式秒杀 | 过今天第一款主推款 | 配合辅助主播搭话 | 准备修改价 | | |

155

续表

| 15:30—17:00放缓节奏,正常点杀 | 按照直播脚本顺序一次秒杀单品 | 托的配合 | 商品报价格 | | |
|---|---|---|---|---|---|
| | | 每五分钟口播主题 | 引导教拍 | | |

了解了直播带货脚本的模板,下面我们就介绍一下编写直播带货脚本的要点,具体见表11-6所示。

表11-6 编写直播带货脚本要点

| 项 目 | 内 容 |
|---|---|
| 主题明确 | 首先,要确定直播的主题,确保脚本内容紧扣主题,让受众能够迅速理解直播的核心内容 |
| 时间把控 | 脚本中应合理安排每个环节的时间,确保直播节奏紧凑且不过于匆忙。避免内容过长导致受众失去兴趣,或内容过短使得信息传达不完整 |
| 产品要点梳理 | 针对要推销的产品,需提前梳理出其特点、优势和使用方法。在脚本中突出产品的亮点,吸引受众的注意力 |
| 受众互动 | 设置受众互动环节,如提问、抽奖等,以提高受众的参与度和黏性。在脚本中预留出时间用于和受众互动,确保直播过程更加生动有趣 |
| 语言风格 | 直播带货的语言应朴实易懂,避免过于专业的术语,让受众能够轻松理解。同时,可以根据产品的特点和目标受众调整语言风格,使之更加贴近受众的需求 |
| 画面配合 | 考虑到直播带货的视觉呈现,脚本中应描述如何配合画面进行展示。例如,可以指导主播在展示产品时调整镜头角度、使用特写等手法,使产品更加直观地呈现在受众面前 |
| 定期更新 | 为了保持直播内容的新鲜感和吸引力,建议定期更换脚本。可以根据市场趋势、产品更新和受众反馈等因素,对脚本进行不断优化和调整 |
| 法律法规遵守 | 在编写脚本时,要确保内容符合相关法律法规,避免涉及虚假宣传、侵权等问题。总之,直播带货的脚本编写需要综合考虑内容、形式、受众互动等多个方面,以确保直播的顺利进行和受众的满意度 |

简而言之,脚本在直播中扮演着至关重要的角色,成为主播直播过程

中不可或缺的一部分。一部经过精心策划和设计的脚本，不仅能够有效引导直播的顺畅进行，提升主播的专业素养和自信心，还能够吸引受众的注意力，有效实现销售目标的增长。因此，主播们应对脚本的编写和执行给予高度的重视，并将其视为直播带货成功的关键因素。

## 第四节　直播流程大解密，爆款从此诞生

直播带货取得显著成效的核心要素之一，在于构建一个精心策划的直播流程，该流程需具备高度吸引力，能够有效聚焦受众的注意力，并显著提升其参与度和购买意愿，从而助力打造热销产品，具体见表11-7所示。

表11-7　直播流程

| 流　程 | 内　容 |
| --- | --- |
| 开场介绍与预热 | 准时开播，向受众问好，并感谢大家参与今天的直播 |
|  | 简短介绍本次直播的主题和预期内容，为受众设置预期 |
|  | 预热：提及即将展示的产品或服务亮点，激发受众兴趣 |
|  | 分享直播日程安排，让受众了解接下来将发生什么 |
| 主题内容详细展示 | 详细介绍本次直播的核心内容，包括产品特点、功能、使用方法等 |
|  | 展示产品的实际应用场景，通过案例或演示视频等方式呈现 |
|  | 分享产品背后的故事或设计理念，增加感情连接 |
|  | 邀请嘉宾或专家进行专业解读，提升内容权威性 |
| 互动环节设置 | 设计有趣的互动游戏或问答环节，鼓励受众参与 |
|  | 设置奖品或优惠券作为参与互动的奖励，提高积极性 |
|  | 利用弹幕、评论等方式与受众实时互动，回答受众提问 |
|  | 邀请受众分享自己的使用心得或故事，增强社区感 |

续表

| 流　程 | 内　　容 |
| --- | --- |
| 受众提问与解答 | 收集并整理受众在弹幕或评论中提出的问题 |
| | 针对问题进行详细解答，解决受众疑虑 |
| | 对于复杂或共性的问题，可以录制专门的教学视频或提供详细文档 |
| | 鼓励受众在直播结束后继续提问，承诺会尽快回复 |
| 优惠活动与促销 | 介绍本次直播的专属优惠活动或促销政策 |
| | 限时抢购、满减、折扣等促销手段，刺激受众的购买欲望 |
| | 强调优惠活动的有效期和限制条件，引导受众抓紧时间下单 |
| | 提供购买链接或二维码，方便受众直接购买 |
| 直播内容回顾总结 | 总结本次直播的核心内容和亮点，强调产品优势 |
| | 重申优惠活动的时间和条件，鼓励受众抓住最后的购买机会 |
| | 感谢所有参与直播和购买的受众，强调品牌方的感激之情 |
| | 对未来产品或活动进行简短预告，引发受众期待 |
| 感谢受众并结束直播 | 向所有参与直播的受众表示衷心感谢 |
| | 感谢受众的支持和信任，强调品牌方会继续努力 |
| | 提醒受众关注官方账号或社交媒体，获取更多信息和优惠 |
| | 道别并结束直播，期待下次相聚 |

此直播流程文档旨在为主播和品牌方提供一套清晰、系统的直播框架，以助其高效规划和管理直播过程，同时优化受众体验，增强直播效果。下面，我们将详细阐述直播流程的设计与实施细节。

1. 明确直播主题与目标

主播在直播前需确立主题，无论是新品推广、使用心得分享，还是特殊促销活动。同时，需设定清晰的销售目标和互动目标，以确保直播内容的吸引力并保持主播的专注度。

2. 合理安排时间节点与内容

直播过程中，主播需精心安排时间节点与内容。受众进入直播间的高峰时段通常是直播开始阶段，主播应迅速通过欢快的背景音乐、精美的产品图片或视频等方式吸引受众的注意力。随后，主播可依据预定脚本逐步展示产品，并与受众进行互动交流，以增强其参与度和购买欲望。此外，主播还需注意对直播时间的把控，避免过长的直播时间导致受众流失。

3. 以受众体验与互动为核心

直播过程中，主播应时刻关注受众反馈与需求，及时调整直播方式。通过设置抽奖、问答、限时抢购等互动环节，提升受众的参与度和黏性。同时，主播还需确保受众获得良好的观赛体验，如直播画面的清晰度、声音质量等细节均需关注。

4. 清晰的结尾与后续跟进

直播结束前，主播应对本次直播的重点内容进行总结，对受众的参与和支持表示感谢，并引导受众关注后续直播。此外，为了后续产品优化和服务提升，还需整理分析直播过程中收集到的受众反馈与需求。

一个精心设计的直播流程是打造爆品的关键之一。主播通过明确主题与目标、合理安排时间节点与内容、注重受众体验与互动以及清晰的结尾和后续跟进，来吸引更多的受众，提升销售转化率，推动爆品的诞生。

## 第五节　货品组合玩转潮流，网红标配

在直播带货领域中，货品组合扮演着举足轻重的角色，尤其对于网红主播而言，其重要性不言而喻。精心设计的货品组合不仅满足了消费者的

个性化需求，让他们能够轻松挑选到心仪的产品，同时也为直播间注入了独特的魅力，提升了整体形象，吸引了更多受众的关注。这种策略的实施，无疑为销售转化率的提升提供了强有力的支持。

在直播过程中，物品搭配作为关键的一环，其合理性对于提升直播的转化率和销量具有显著影响，见表11-8所示。同时，它还能有效增强受众的购买欲和满意度，为直播带货的成功打下坚实的基础。

表11-8 货品组合依据

| 项目 | 内容 |
| --- | --- |
| 考虑受众需求 | 首先，需要了解目标受众的需求和喜好。不同的受众群体有不同的消费习惯和购买需求，因此货品组合应该根据受众的特点进行调整 |
| | 例如，如果受众主要是年轻人，那么货品组合中可以包含一些时尚、潮流的产品；如果受众主要是家庭主妇，那么货品组合中可以包含一些家居用品、食品等 |
| 搭配销售 | 直播带货中，可以考虑将一些产品搭配在一起销售。这不仅可以提高客单价，还可以增强受众的购买欲望 |
| | 例如，可以将一款口红和一款粉底液搭配在一起，以套装的形式进行销售 |
| 季节性货品组合 | 根据季节的变化，调整货品组合也是非常重要的 |
| | 例如，在夏季可以组合一些清凉、防晒的产品，如防晒霜、遮阳帽等；在冬季可以组合一些保暖、滋润的产品，如保暖内衣、润唇膏等 |
| 价格梯度组合 | 在直播带货中，可以考虑将不同价格区间的产品组合在一起。这可以满足不同消费者的购买需求，提高整体的销售额 |
| | 例如，可以将一些高价格的产品和一些低价格的产品组合在一起，形成一个价格梯度 |
| 注重品质 | 无论是什么类型的产品，品质都是非常重要的。因此，在组合货品时，一定要注重产品的品质。只有品质过硬的产品，才能赢得消费者的信任和口碑 |

在商品直播的策划与实施中，需综合考虑受众需求、季节变化、价格梯度等多重因素，以优化货品组合。通过精细化的货品搭配，旨在提升受

众的购买意愿与满意度，进而增强直播的转化效率与销售业绩。

以某知名美妆品牌的直播货品组合为例，该品牌在最近的一次直播中，凭借精心策划的货品组合，实现了美妆产品的高销量与用户的高满意度。此次直播以"夏日焕新妆"为主题，针对夏季特点，精选了一系列适合夏季使用的美妆产品。

在直播前，品牌进行了深入的市场调研，充分了解了目标用户的需求偏好以及夏季美妆市场的趋势。基于这些信息，品牌确定了以防晒霜、粉底液、眼影盘、唇膏等为核心产品，以热销护肤品和美妆工具为辅的完整的商品组合。

在直播过程中，主播首先强调了夏日护肤的重要性，并详细讲解了防晒产品的使用技巧与挑选要点。随后，主播展示了多款粉底液和适合夏季使用的眼影盘，通过试色和搭配DEMO，让受众对产品效果有了更直观的了解。在介绍唇膏时，主播不仅展示了唇膏的色彩与质感，还分享了不同的涂抹技巧与搭配建议，来帮助受众选到适合自己的产品。

此外，品牌还设置了抽奖、限时优惠等互动环节，来吸引受众的注意力，提升其购买意愿。同时，主播们持续为受众解答疑问，提供专业的美妆建议与解决方案，增强受众的购买信心。

通过本次直播活动，该美妆品牌不仅实现了高销量与用户的高满意度，还成功吸引了一批目标用户。受众在购买核心产品的同时，也购买了辅助产品，形成了良好的销售组合。此外，品牌还通过直播加强了与受众的互动和交流，进一步提升了品牌形象与美誉度。

总体而言，该美妆品牌通过深入的市场调研、精心的选品搭配、专业的直播推荐，充分展示了如何通过精细化的货品组合实现高销量、用户满意的目标。

## 第六节  话术大师教你玩转直播间

作为主播与受众沟通的核心工具以及提升销售转化的关键因素，直播间的话术具有不可忽视的重要作用。一位精通话术的主播能够有效吸引受众的目光，增强他们的参与度和购买意愿，从而打造高销量的直播间。以下将详细阐述如何成为话术高手，以充分利用直播间平台。

（1）语言文字需具备强大的感染力。主播应运用生动、形象且充满感染力的语言，全面展现产品的特性和优点。同时，还需注意语速，做到快慢适中，以营造亲切自然、引人入胜的氛围，使受众在观看过程中深刻感受到主播的热情与真诚。

（2）话术应以引导为主。在直播间里，主播应通过互动引导受众参与，分享他们的经验。对于受众的疑问和反馈，主播应给予及时回应，保持有效的互动和交流，以提升受众的参与度和黏性。

（3）建立信任关系是语言表达的前提。直播带货的核心在于信任。主播需通过真诚、专业的表现，建立长期稳定的关系，赢得受众的信任。主播可以分享使用心得、专业知识、品质保证等信息，以增加受众对产品的信任度。同时，应保护受众的隐私和权益，避免进行虚假宣传、欺诈等行为，以维护受众的信任和忠诚度。

（4）语言文字应持续创新，追求卓越。面对日益激烈的市场竞争和消费者需求的不断变化，主播需不断推陈出新，精益求精。主播应时刻关注市场动态和消费者反馈，及时调整话术策略，以满足受众的多元化需求。同时，为更好地利用话术玩转直播间，主播还需不断学习和提升表达和沟通能力。总的来说，作为主播，成为直播带货的话术高手需要掌握一系列技巧和策略，具体见表11-9所示。

表11-9　成为直播带货的话术高手需要掌握一系列技巧和策略

| 项　目 | 内　容 |
| --- | --- |
| 了解受众 | 首先，你需要深入了解你的目标受众。他们的年龄、性别、兴趣爱好、消费习惯等都是影响你话术选择的重要因素。只有了解你的受众，才能用他们容易接受和理解的方式与他们交流 |
| 产品知识 | 对你将要推销的产品有深入的了解是至关重要的。你需要知道产品的特点、优势、使用方法等，以便在直播中能够清晰、准确地传达给受众 |
| 创造吸引力 | 在直播中，你需要用有吸引力的语言和表达方式，让受众对你的产品产生兴趣。可以使用一些生动的比喻、幽默的言辞或者引人入胜的故事来吸引受众的注意力 |
| 互动与回应 | 直播带货不仅是单向的推销，还需要与受众互动，回答他们的问题，回应他们的评论，甚至可以根据他们的反馈调整你的直播内容和话术 |
| 情感共鸣 | 在直播中，尝试与受众建立情感联系，让他们感受到你的热情、真诚和专业，这样他们会更愿意信任你并购买你的产品 |
| 不断练习 | 话术技巧需要通过不断的实践来提升。你可以多参加一些直播活动，积累经验，不断改进和优化你的话术 |
| 学习成功案例 | 关注一些成功的直播带货案例，学习他们的话术技巧、互动方式等，从中汲取灵感和经验 |
| 反馈与调整 | 每次直播结束后，回顾你的表现，找出优点和不足，然后根据反馈进行调整和改进 |

直播带货作为一种重要的推广手段，其核心不仅仅在于产品的展示，更在于与受众之间建立稳固的关系。因此，在直播过程中，话术的运用至关重要，它必须能够真实地传递产品的价值，同时展现主播的热忱与专业

性。通过持续的学习和实践，每位主播都有机会成为话术运用的高手。

具体而言，成为一名话术高手的关键在于其感染力和创新性。在直播间，主播应展现出游刃有余的自信，以吸引更多受众的关注和喜爱。而这一切的达成，都离不开不断的练习和实践。只有不断提升话术水平，才能确保销售转化率的提高，从而实现直播间的长期稳定发展。

## 第七节　互动玩法终极指南，玩转直播间人气

在提升直播间人气与活跃度方面，增强受众参与感以及直播间的凝聚力和吸引力至关重要。互动玩法作为关键策略，能够有效吸引并维持受众的关注。以下是对主播在直播间运用互动玩法来提升人气的终极指南的详细解析。

以某一具体案例为例，该主播在直播过程中积极与用户互动，展示了与用户间的有效交流方式。

直播场景：某时尚博主的直播间，正在介绍一款新季潮流服饰。

主播（时尚博主）：Hello！大家好！今天要为大家介绍的是一款设计别致、色彩十分抢眼的新季潮流穿搭。

受众A（在弹幕区留言）：主播，这款衣服适合什么场合穿呢？

主播（见留言后）：很不错的问题，这件衣服既适合日常穿搭，又能作为Party和约会时的亮点，不过于夸张的设计能让人眼前一亮。

受众B（在评论区提问）：主播，能试穿一下吗？想看看效果。

主播（有求必应）：当然行。这就给大家试，看看效果怎么样就知道了。(主播开始试装展示)

主播（试穿后）：大家看，这件衣服穿在身上很舒服，看起来也比较纤细，色彩也很适合春、夏两季穿搭。对此你有什么感触？

受众C（点赞并留言）：主播穿着好看啊，我也要买一件！

主播（谢谢大家捧场）：谢谢夸奖，谢谢大家的捧场！喜欢这款衣服的亲们可以在直播间的下面点击链接购买哦！同时我们还有直播间的优惠活动，千万别错过哦！

在此案例中，主播与受众之间进行了高效且有针对性的互动，迅速响应了受众的提问与需求。这种互动方式不仅为现场直播增添了趣味性，而且显著提升了受众的参与度和购买意愿。同时，主播们还巧妙地利用优惠活动，有效促进了受众的购买行为，进一步提升了直播的整体效果。

由此可见，在直播带货的过程中，互动环节是不可或缺的。它不仅能够提升直播的趣味性，还能够深化受众与主播之间的连接，增强受众与产品之间的纽带。主播与受众之间的互动方式见表11-10所示。

表11-10 部分互动方式

| 方式 | 具体做法 |
| --- | --- |
| 提问与回答环节 | 主播可以针对产品特点、使用方法或优惠活动提出问题，鼓励受众在弹幕或评论区回答。这不仅能激发受众的参与感，还能帮助他们更好地了解产品 |
| 抽奖活动 | 设定抽奖规则，当受众分享直播链接、发表评论或点赞达到一定数量时，主播进行抽奖。奖品可以是产品小样、优惠券或品牌周边等，以此增加受众的参与度和黏性 |
| 实时投票 | 主播可以就某个话题或产品选择进行实时投票，让受众通过弹幕或特定的投票工具参与。这种方式可以让受众感到他们的意见被重视，从而更加投入地观看直播 |

续表

| 方式 | 具体做法 |
| --- | --- |
| 限时优惠 | 在直播过程中，主播可以设置一些限时优惠活动，如限时折扣、限时秒杀等。这种紧张刺激的购物氛围能够激发受众的购买欲望，提高转化率 |
| 受众分享 | 鼓励受众分享自己的使用心得、购买经历或相关故事。这不仅能增加直播的趣味性，还能让其他受众从真实的使用体验中了解产品 |
| 游戏环节 | 主播可以设计一些简单的游戏或挑战，如猜价格、找碴儿等，让受众参与进来。获胜的受众可以获得一些小奖励，如产品优惠券或品牌礼品 |
| PK竞赛 | 如果条件允许，主播可以邀请其他主播或嘉宾进行PK竞赛，通过比赛的形式展示产品特点和使用效果。受众可以通过弹幕或投票支持自己喜欢的主播或团队，增加直播的观赏性和互动性 |

主播们通过多样化的互动方式，如投票、抽奖、答题、分享等，旨在营造活跃、有趣的直播氛围，提升受众的参与度和购买欲望。这些互动不仅有助于主播更准确地把握受众需求，也为后续直播活动的优化提供了明确方向。

（1）为满足不同受众的需求和喜好，多样化的互动玩法至关重要。主播应精心设计投票、抽奖、答题等互动环节，让受众在直播间内充分体验。同时，主播还需根据直播内容和受众反馈灵活调整互动方式，以保持受众的兴趣和参与度。

（2）吸引受众眼球和兴趣的关键在于互动玩法的趣味性和创造性。主播可以通过搞笑表演、互动游戏、即兴表演等方式，设计有趣且新颖的互动环节，让受众在轻松愉悦的氛围中参与互动，从而增强直播间的趣味性和感染力。

（3）主播应重视受众的体验感和参与感，时刻关注受众反馈和需求，确保受众能够顺利参与并享受互动过程。对于受众的质疑和评论，主播应积极回应，建立良好的互动关系，以增强受众的忠诚度和黏性。

（4）互动玩法与直播内容的结合对于提升直播整体品质与价值至关重要。主播需设计与直播主题和内容紧密相关的互动环节，如产品介绍、使用体验、用户反馈等，让受众在了解产品和服务的同时参与互动。

（5）数据分析与优化对于提高互动效果具有重要意义。主播应密切关注直播间的人气、参与度、转化率等数据指标，对互动玩法进行数据分析和优化，以持续提升直播间的人气和活跃度。

综上所述，直播的互动玩法需在多元化、趣味性、受众体验性、结合内容、分析数据等方面持续改进。只有在这些方面取得了显著成效，才能将直播间的人气和活跃度提升至更高水平，从而实现更好的销售效果和品牌影响力，吸引更多受众的参与和喜爱。

## 第八节　营造直播间氛围，打造购物天堂

在构建直播购物体验中，营造直播间气氛是至关重要的环节，它不仅能让受众感受到购物的愉悦与舒适，更能有效增强受众的购买意愿和信任感。以下是对如何营造直播间气氛、构建购物乐园的详细阐述。

首先，直播间的布局与环境需确保舒适宜人。主播应选择宽敞明亮、整洁有序的场地，并在灯光、背景、音乐等元素的搭配上追求和谐统一，以塑造出具有品位的直播环境。此外，适当的鲜花、绿植等装饰品能为直播间增添生活气息，营造出温馨的氛围。

其次，主播与受众之间应建立积极的互动关系，传递出积极向上的心

态和情绪。主播需保持亲切、热情、自信的形象，言谈举止得体自然，避免过于刻意或做作，以确保受众能够感受到真实的购物体验和信赖感。

其次，在直播过程中，互动环节对于营造现场气氛至关重要。主播可设计问答、抽奖、用户分享等多样化的互动形式，让受众在参与中体验购物的乐趣与惊喜。同时，主播应及时回应受众的问题和反馈，以增强受众的信任感和直播间的归属感，进而构建良好的互动关系。

又次，产品展示与介绍是直播间营造气氛的重要环节。主播需充分展示产品的特点和优势，确保受众能够全面、准确地了解产品。通过分享使用心得、搭配建议等方式，主播可进一步增加受众对产品的信任感和购买欲望。

最后，直播间在品牌形象和口碑建设方面需予以重视。主播需与品牌方建立良好的合作关系，确保直播间产品的品质。同时，主播还需努力提升直播间的品牌形象和口碑，通过分享真实的使用体验，推荐优质的产品，吸引更多受众的关注和信任。

营造直播间购物氛围是提升直播带货效果的重要环节。以下是营造积极购物氛围的具体策略。

（1）布置与装饰。直播间的背景应保持简洁明亮，与所售商品款式相协调，避免过于花哨或杂乱。利用柔和明亮的灯光，确保商品陈列清晰可见，为受众带来舒适的视觉体验。同时，可摆放与商品相关的道具或装饰品，增添趣味性和视觉冲击力。

（2）背景音乐与氛围音效。选用轻松愉悦的背景音乐，营造轻松的购物氛围。在直播的特定环节或进行商品展示时，加入气氛音效，如掌声、喝彩声等，来增强受众的参与感。

（3）主播形象与互动。主播着装需与直播间风格相符，展现专业且亲切的形象。在直播过程中，主播应保持积极心态，感染受众情绪。主播应频繁与受众互动，及时回应受众问题、解说和弹幕等，提升受众的参与感。

（4）商品展示与介绍。多角度全方位展示商品，让受众对商品特性产生直观的认识。在介绍商品时，突出商品优点和使用场景，激发受众的购买欲望。可邀请嘉宾或模特试穿试用物品，以实际效果提升商品信赖度。

（5）限时优惠与促销活动。在直播过程中设置限时优惠或促销活动，如限时折扣、满减等，营造紧迫感，促使受众尽快下单。同时，设置抽奖、答题等互动环节，增加受众参与乐趣。

（6）直播间互动游戏。设置猜价格、找商品差价等简单的互动游戏，鼓励受众参与，提升受众留存和活跃度。游戏环节可设置优惠券、小礼品等奖励，激发受众积极性。

（7）购物指南与引导。提供详细的购物指南，包括商品链接、购买方法、付款方式等，方便受众快速下单。引导受众关注直播间，点赞分享，扩大直播间影响力。

通过以上策略，可以有效营造直播间的购物氛围，增强受众的购物体验和购买意愿。同时，主播需根据受众需求不断调整优化策略，以取得最佳效果。在环境布置、主播形象、互动环节、产品展示以及品牌形象等方面，均需注重直播间氛围的营造，以打造舒适、愉悦、有品位的购物环境，让其变成名副其实的购物乐园。

# 第十二章
# 粉丝运营大法：网红带货背后的秘密武器

　　网红带货成功的关键，在于粉丝运营的精湛策略。网红们通过深入剖析粉丝群体的特性与喜好，持续输出高质量内容，从而与粉丝建立起坚固的情感纽带。同时，他们积极回应粉丝的反馈，有效提升了粉丝的归属感和忠诚度。这些举措共同构筑了网红们坚实的粉丝基础，成为其持续发展的有力支撑。粉丝运营更需与时俱进，不断创新以适应市场变化，确保网红与粉丝之间的连接始终保持活力与力量。

## 第一节　新用户转化秘籍，轻松俘获受众的心

在网红带货的环节中，新用户转化占据着举足轻重的地位，其成效直接关系到带货产品的市场表现。在新用户首次接触直播间或关注网红时，如何迅速吸引其注意力并激发购买欲望，成为网红面临的重大挑战。

网红们通常会精心策划直播内容，通过生动有趣的方式展现产品的独特功能和优势，以实现新用户的有效转化。他们可能采用实物展示、演示操作、分享使用体验等多种手段，让用户直观感受产品的魅力。同时，网红们会结合自身的专业知识和经验，对产品进行深度剖析，以帮助用户更好地认识产品的价值和使用方法。

此外，网红们还会分享解决用户痛点的实例，这些实例可能来源于用户反馈、市场调研或亲身体验，旨在进一步拉近与用户之间的距离。这些真实可信的案例不仅增强了用户对产品实用性和可靠性的信任，同时也提升了网红在用户心中的信任度。

网红们还积极利用社交媒体平台的互动功能，与用户进行深入的交流和沟通。他们可能设置问答环节，解答用户疑问；或者通过抽奖、返券等福利活动，激发用户的参与热情。这种互动式的营销方式不仅增强了用户黏性，也对提升网红带货的转化率起到了积极的作用。

综上所述，新用户转化在网红带货过程中至关重要。通过展示产品的

独特功能和优势、分享解决用户痛点实例、主动与用户互动交流等方式，网红们能够迅速吸引新用户目光，并促使其产生购买行为。这不仅有助于提升网红带货的效果，也提高了产品的市场占有率。

在提升用户满意度和忠诚度方面，我们致力于提供个性化的推荐和服务能力。对于新用户，我们会根据其兴趣、需求和浏览历史，推荐符合其口味的产品和内容。这种个性化的策略旨在让用户感受到被尊重，并增强其对平台的归属感。

同时，我们深知信任感的建立对于新用户转化至关重要。因此，网红在展现其真诚、专业的形象和态度的同时，也需与用户进行良性互动，从而建立起深厚的信任关系。这种信任关系将使用户更愿意购买产品，成为忠实的拥趸。

为吸引新用户尝试购买和体验产品的价值，我们会提供首单优惠或积分奖励等优惠奖励措施。这些措施旨在降低用户的购买门槛，提高其对产品的接受度。

保持新用户转化的关键在于不断优化用户体验。因此，我们将通过收集用户反馈，不断完善产品和服务，提升直播间互动体验。这些努力将使得用户愿意对网红进行长期关注和支持。

综上所述，要实现新用户的转化，需关注产品价值展示、个性化推荐、建立信任感、进行优惠奖励以及优化用户体验等方面。只有在这些方面做得足够好，才能轻松捕获粉丝的心，增强网红们的带货动力和支持力度，进而吸引更多的新用户，并将其转化成忠实粉丝。

提及知名主播罗永浩，其独特的直播风格及卓越的直播表现备受瞩目。罗永浩以搞笑表演和特色产品宣传为核心，成功吸引了大量粉丝的关注和喜爱。他的直播风格幽默风趣、创意迭出，为受众带来了无限惊喜与欢乐。

在直播过程中，罗永浩不仅充分展现了自己幽默风趣的才艺，还积极与受众互动，耐心解答受众的疑问，密切关注受众的需求。他诚恳的处事态度和亲民形象赢得了广大受众的喜爱与信赖。同时，他对于产品的独到见解也激发了受众对产品的浓厚兴趣，这一点他表现得尤为出色。

此外，罗永浩还通过举办抽奖、互动游戏等特色活动，进一步拉近了与受众之间的距离。他时常将生活中的点滴分享给直播间的受众，让受众感受到他的真挚与热忱，从而对他产生更多的好感与支持。

罗永浩成功俘获了大批受众的心，其独特的直播风格、真诚的态度以及亲密的受众互动，都为其他主播提供了宝贵的参考和启示。

## 第二节　直播间流量大解密，入口多元化

提升直播间人气与曝光度的核心在于实现流量来源的多元化，大概来说，直播间流量来源入口主要有这么几个，见表12-1所示。

表12-1　多元化入口的直播间流量

| 流量入口 | 具体说明 |
| --- | --- |
| 自然推荐流量 | 这是直播间流量占比最大的部分，主要来自抖音等平台根据用户的兴趣和行为推荐的直播内容。包括首页推荐、直播广场推荐等，确保直播间能被更多潜在受众发现 |
| 关注Tab流量 | 对于已经关注主播的用户，他们可以直接从关注列表或已关注的主播列表中进入直播间。这种流量相对稳定且质量较高，因为用户已经对主播产生了一定的兴趣和信任 |

续表

| 流量入口 | 具体说明 |
| --- | --- |
| 短视频引流流量 | 主播可以在开播前或直播过程中发布短视频，通过短视频的曝光吸引受众进入直播间。短视频内容可以是直播预告、精彩片段或相关话题，只要能够激发受众的兴趣和好奇心即可 |
| 付费流量 | 主播可以通过投放广告、购买推荐位等方式获取付费流量。这种流量虽然需要一定的投入，但能够快速提升直播间的曝光度和受众数量 |
| 私域流量 | 主播可以通过自己的社交媒体账号、微信群、公众号等私域渠道引导粉丝进入直播间。这种流量具有高度的可控性和稳定性，是主播长期积累的结果 |
| 其他平台合作 | 主播可以与其他平台或品牌进行合作，通过共享资源、互推等方式获取流量。这种合作可以是跨平台的合作，也可以是同行业内的合作，有助于扩大主播的影响力和受众基础 |

因此，主播在提升直播间曝光度和收视人数时，应根据自身特点和需求，精准选择适宜的流量渠道。

直播间的流量主要来源于公域流量和私域流量两大类。其中，公域流量与私域流量相互促进，而私域流量又可以通过多种方式反过来增强公域流量的积累。

公域流量的主要构成包括同城流量、短视频流量、直播推荐流量、广场流量和主题页流量。其中同城流量具有庞大的基数且易于转化，只要直播间的封面和标题设计得足够吸引人，便容易获得此类流量。短视频流量则来源于用户在观看视频时因直播提示而点击进入直播间的流量。直播推荐流量则是直播间在热门广场的排名越高，获得的流量也越大。主题页流量则依赖于官方活动的推广，直播间表现良好会被选中在主题页增加曝光。

私域流量则主要来源于粉丝团预告、短视频花絮、视频内容以及账号首页等。粉丝团成员会接收到直播提醒，直播内容及福利的提前预告视频能吸引粉丝关注，花絮视频则展示了提升顾客好感度的真实工作状况。在账号首页明确注明直播时间，便于粉丝安排好时间观看。

多元化入口的利用是提升直播间受众观看量、扩大影响力和提升互动性的有效策略。它能够覆盖更广泛的受众群体，提高直播的曝光度和参与度，从而实现更好的直播效果。而通过多种渠道精准引导受众进入直播间，是实现这些目标的重要手段。

## 第三节 用户停留秘诀，让他们爱不释手

提高用户黏性和带货成效的核心策略在于延长用户在直播间的驻留时长，并使其产生强烈的依赖与喜爱之情。而要延长用户在直播间的驻留时长，就要做到这样几个关键之处，具体见表12-2所示。

表12-2 部分用户驻留时长的关键点

| 项目 | 内容 |
| --- | --- |
| 引人入胜的开场 | 一个吸引人的开场可以迅速抓住用户的注意力。可以使用一些有趣的故事、引人入胜的问题或者独特的自我介绍来开场 |
| 有价值的内容 | 确保直播内容对用户有价值，能够满足他们的需求或兴趣。这可以是专业知识、实用技巧、行业资讯等 |
| 互动与参与 | 鼓励用户参与互动，比如提问、投票、抽奖等。这样可以增加用户的参与感，让他们更愿意停留在直播间 |
| 保持节奏与氛围 | 控制好直播的节奏，避免过于拖沓或紧凑。同时，营造轻松愉快的氛围，让用户感到舒适 |
| 视觉吸引力 | 优化直播的视觉效果，包括背景、布局、字体大小等，以提升用户的观看体验 |
| 专业与自信 | 主播要表现出专业性和自信，能够回答用户的问题并提供专业的建议。这会增加用户的信任感，从而使用户更愿意停留在直播间 |
| 适时的优惠与促销 | 在直播中适时推出优惠活动或促销信息，可以吸引用户的关注并激发其购买欲望 |

综上所述，要提升用户在直播中的停留时间，必须对主播的内容质量、互动参与、视觉效果、专业性及自信心等关键因素进行深入考量。通过持续优化这些方面，来提升用户的停留时长和观看体验。

一些优秀主播之所以能够吸引大量用户持续停留在直播间，主要归因于他们独特且丰富的产品知识。在直播过程中，他们不仅作为产品销售者，更是以活力四射、热情洋溢的形象出现。他们善于利用抽奖、限时秒杀、提问互动等方式，有效激发用户的兴趣和参与感。同时，他们对所推销的产品有深入的了解和真实的体验，能够详细阐述产品的特点和优势，从而激发用户的购买欲望。

此外，这些优秀的主播在与受众的交流互动上也表现出了极高的专业素养。比如，他们认真回答受众的问题，关注受众的反馈和需求，并根据这些信息对直播方式进行适时调整。这种真诚、用心的态度让受众感受到了被重视，从而增强了他们在直播间停留的意愿。

同时，各种优惠活动和福利发放也是这些优秀主播吸引受众长时间驻足的重要原因。参与互动、购买商品的用户都能获得各种奖励和优惠，这种实惠让直播间内的受众倍感愉悦。

综上所述，优秀主播的成功经验表明，通过独特的直播风格、丰富的产品知识、真诚的互动态度以及各类优惠活动和福利发放，可以有效吸引并留住用户。这为其他主播提供了宝贵的参考经验和启示。

因此，为了提高用户在直播间的停留时间和黏性，主播应提供有价值的内容，增强互动和参与感，提供个性化的服务和推荐，并定期更新和优化直播间的内容与形式。通过营造良好的直播氛围和用户体验，直播间能够吸引更多用户的关注和留存，进而实现更高的用户黏性和更好的带货效果。

## 第四节 促单转化神技，粉丝下单不手软

直播间营销的核心目标在于提高推广订单转化率，促使粉丝迅速而果断地完成购买决策。以下将介绍若干关键策略，助力直播间实现粉丝的高效转化。

首先，我们分析一个成功案例。

VIA 是一位在直播带货领域具有显著成就的主播。她凭借强大的亲和力与专业度，在直播带货领域取得了巨大成功。在一次直播中，VIA 推荐了一款唇膏，并通过亲自示范，展示了使用效果。她丰富的产品知识和卓越的表达能力，成功吸引了受众的注意力，并激发了他们对这款唇膏的浓厚兴趣。在直播过程中，她不仅详细介绍了唇膏的质地、色泽、持久度等关键信息，还分享了自己的使用心得，进一步增强了粉丝对她的信任。

此外，VIA 善于利用限时优惠等营销策略刺激受众的购买欲望。她在直播中宣布了独家优惠信息，让粉丝们感受到了实实在在的福利。这一策略显著提升了受众的购买意愿，许多粉丝在得知优惠信息后都积极下单购买。

VIA 的成功案例充分展示了直播带货主播是如何通过个人魅力、产品知识以及营销策略来促成购买过程的。除了专业能力外，她还能够精准把握并满足粉丝的需求，这也是她取得成功的关键因素之一。

然而，直播带货主播在采用各种策略提升销量的同时，也需坚守诚信

原则，确保所推荐的产品质量可靠、价格合理，这样才能长期赢得消费者的信任与支持。

想要掌握促单转化神技，至少要从以下几个方面入手。

（1）深入理解并准确把握粉丝需求。主播需通过深入分析粉丝的购买历史、浏览行为、互动反馈等数据，精准捕捉其真实需求和购买动机。在此基础上，提供能够有效增强粉丝购买意愿的产品及进行符合其个性化需求的推荐。

（2）清晰介绍产品功能，增强说服力。主播应确保对产品的了解足够深入，能够以生动有趣的方式展现产品的特色、优势和价值，增强产品说服力。同时，详细阐述产品的适用场景、使用方法等细节，帮助粉丝全面认识产品，增强购买信心。

（3）与粉丝建立信任关系。主播需以真诚专业的态度和服务赢得粉丝的信任。例如，直播间应及时有效地回应和解决粉丝的疑问与顾虑，并通过共享用户评价、展示产品质量检测报告等方式，进一步证明产品的可靠性和性价比，让粉丝充分信任产品。

（4）提升粉丝黏性。灵活运用限时抢购、满减优惠、送礼品等促销手段，有效刺激粉丝的购买欲，增强粉丝的忠诚度和复购率，结合会员制度和积分兑换等方式，提升粉丝黏性。

（5）提供优质的售后服务。直播间应确保在粉丝购买后能够及时有效地提供产品咨询、退换货服务等，让粉丝切实感受到贴心与保障。这种良好的购物体验不仅有助于提高复购率和口碑传播，还能使粉丝对直播间产生更强的信任和依赖。

因此，提升推广订单转化率需要主播从了解粉丝需求、清晰介绍产品功能、建立信任关系、提升粉丝黏性、提供优秀的售后服务等多个方面综合着手，以实现粉丝转化和带货的高效。

## 第五节 转化新粉丝为忠实粉丝的秘诀

将新粉丝转化为忠实粉丝是直播带货过程中的一项至关重要的任务。在此过程中，除了直播内容的吸引力，主播与粉丝之间的积极互动和信任关系的建立同样不可或缺。下面将通过一个实例展示如何将新粉丝成功转化为忠实粉丝。

某知名美妆博主在直播中展示了一款美妆产品，直播前通过社交媒体和短视频平台进行了充分预热，成功吸引了大量新粉丝的关注。直播伊始，她充分利用自己的专业知识，为受众详细介绍了多款热门彩妆产品的成分、功效和使用方法，同时分享了自己的彩妆技巧与心得，让受众感受到她的敬业与亲和力。

在直播过程中，她积极与受众互动，针对不同肤质和需求，为受众提供个性化的产品推荐和疑问解答。她设置了抽奖环节，鼓励受众参与互动并分享直播内容，由此提高了直播的曝光度和粉丝的参与度。

直播结束后，她继续保持与粉丝的互动，及时回复私信和留言，为粉丝提供美容建议并分享新的美妆教程和产品推荐。这些持续的互动和内容输出，进一步加深了粉丝对她的信任和喜爱。

通过本次直播，她成功将大量新粉丝转化为自己的忠实粉丝。这些粉丝不仅观看了她的直播，还积极参与了直播互动，分享了直播内容，并优先购买了她推荐的产品。

此案例表明，主播在直播带货中需要具备专业的知识和经验，良好的互动能力、亲和力和持续的内容输出能力，这样才能有效地将新粉丝转化为忠实粉丝。同时，主播还需要密切关注粉丝的需求和反馈，及时调整直播策略，以满足粉丝的期待并提升他们的忠诚度。

将新粉丝转化为忠实粉丝的秘诀见表12-3所示。

表12-3 粉丝转化的秘诀

| 项 目 | 内 容 |
| --- | --- |
| 深入了解新粉丝需求 | 首先，你需要了解你的新粉丝，包括他们的兴趣、需求以及他们与你的品牌或产品的互动方式。通过数据分析、用户调研等手段，获取这些信息，以便为他们提供更为精准的个性化内容和服务 |
| 提供独特价值 | 为粉丝提供他们无法从其他地方轻易获取的独特内容或服务。这可以是一个独家折扣、一份专业的报告，或者一次独特的体验等。这样的独特价值会让粉丝感到特别，增加他们对品牌的忠诚度 |
| 建立信任关系 | 通过提供高质量的产品或服务，以及真诚、透明的沟通来建立信任关系。在社交媒体上积极回复粉丝的评论和问题，展现你的专业，表现你的关心 |
| 定期互动与维护 | 利用社交媒体、电子邮件或其他渠道定期与粉丝互动，可以是问答、投票、活动等形式。这样不仅可以增加粉丝的参与度，还能让他们感受到你品牌的活力和温度 |
| 提供优质的客户服务 | 提供优质的客户服务是保持粉丝忠诚度的关键。确保你的团队能够快速、有效地解决粉丝的问题和疑虑，让他们感受到你的品牌始终站在他们一边 |
| 激励与认可 | 对于特别活跃或贡献突出的粉丝，可以通过一些方式表达你的感谢和认可，比如赠送礼品、提供VIP服务等。这种激励和认可会让他们更加愿意成为你的忠实粉丝 |
| 不断创新与改进 | 不断地创新和改进你的产品或服务，以及你的营销策略，来适应市场和粉丝的变化。只有持续进步，才能吸引并留住忠实的粉丝 |

将新粉丝培育为忠实粉丝，对于每一个品牌、创作者或商家而言，均是一项艰巨而远大的目标。然而，这并非一蹴而就的事，而是需要长期的投入、不懈的努力和深切的关怀方可达成。但我们坚信，只要我们秉持着真诚之心，持续为粉丝提供他们真正所需的价值，就能逐步建立起一个强大而稳定的粉丝团体。

## 第六节　粉丝忠诚度提升大法，粉丝变铁粉

在当今竞争日益激烈、信息繁杂的环境下，将粉丝忠诚度提升至铁杆粉丝级别，无疑是一项具有战略意义的任务。这既需要主播对未来有长远的规划，又需要制订周密的实施方案。对于主播而言，必须通过一系列精准有效的策略与方法，深化与粉丝的情感联系，以实现粉丝忠诚度的提升与转化。具体而言，主要有以下几种方法。

首先，要深入了解粉丝的需求与喜好，这是增强粉丝忠诚度的基石。只有真正站在粉丝的角度，以贴近其心理的方式思考问题，才能制定出有效的策略。通过调查问卷、在线互动等多种方式，可以收集粉丝对我们服务的评价与建议，同时分析粉丝的社交媒体行为，以掌握其兴趣点和喜好，为后续营销策略提供有力的数据支持。

其次，提供高质量的内容与服务是将粉丝转化为铁杆粉丝的关键。无论是文字、图片还是视频等，都应确保其内容具有高度的专业性和感染力，

能够引起粉丝的共鸣和关注。

再次，提高粉丝忠诚度还需加强与粉丝的互动和交流。通过线上社交平台、线下活动等多种方式，与粉丝保持频繁的互动，使粉丝感受到主播的关怀与尊重，从而相互建立起更为紧密的联系。同时，还应善于倾听粉丝的声音，对粉丝的反馈和建议给予及时、诚恳的回应，让粉丝感受到主播的诚意与责任。

最后，随着市场环境与粉丝需求的不断变化，主播需要持续创新，以应对新的挑战。这要求主播们要在复杂多变的市场中敏锐地捕捉新的机遇，具备敏锐的市场洞察力和创新能力，来不断调整和优化直播的战略与方法。

综上所述，将粉丝忠诚度提升至铁杆粉丝级别是一个长期且需要用心经营的过程。这需要主播深入了解粉丝需求，提供高质量的内容与服务，加强互动与交流，并持续创新突破。

# 第十三章
# 数据运营之道：直播带货背后的数字魔法

在直播带货领域，数据运营的精髓得到了充分展现。运营者依托精准的数据分析，深入洞察消费者偏好、购买习惯以及市场动态，进而优化产品选择策略，调整直播时段和内容。

通过个性化的推荐机制，确保每位受众都能发现心仪的商品，从而显著提升了用户体验。同时，数据还能为直播效果提供实时反馈，助力运营商迅速调整策略，实现销售效益的最大化。在数据运营的坚实支撑下，直播带货行业正展现出勃勃生机，为消费者和商家创造更多价值。

## 第一节　直播带货流量来源深度剖析

直播带货流量来源是一个多元化且复杂的系统，涵盖了公域流量与私域流量等多个方面。

（1）公域流量作为直播带货的重要来源之一，主要通过各大社交媒体平台等渠道获取。这些平台拥有庞大的用户基数和活跃的社交氛围，为直播带货提供了广阔的舞台。主播可通过在这些平台上发布直播预告、分享直播内容，提高直播的曝光度和关注度，进而吸引更多潜在受众进入直播间。

（2）私域流量在直播带货中同样占据重要地位。私域流量主要源于主播通过自己的社交媒体账号、微信群、小程序等渠道积累起来的粉丝和用户。这些粉丝和用户由于与主播建立了深厚的信任关系，对主播的直播内容比较喜欢，黏性也更高。主播可以通过不断提高私域流量的活跃度和转化率，定期发布优质内容，与粉丝互动，提供个性化服务。

（3）付费流量作为直播带货中常用的流量获取方式，主要通过广告投放和购买流量包等手段实现。尽管这种方式能够迅速提升直播间的曝光率和浏览量，但也需要一定的经费投入。主播可根据自身预算和营销目标，合理选择付费流量的投入方式和投放渠道。

除了以上几种流量来源，主播还可以通过其他方式获取更多流量。例如，通过相互推荐、联合直播等方式与其他主播或品牌进行合作，共同吸引更多受众；提高直播内容的趣味性和吸引力，吸引更多用户点击观看；利用短视频、图文等多样化的内容形式，提升直播内容的传播效果。

直播带货的流量来源是一个多元化、复杂化的系统，主播需不断提高曝光度和关注度，以最大限度地利用各种渠道和方式吸引更多潜在消费群体。同时，主播还需关注用户需求与兴趣点，提供有价值的内容和服务，从而建立与用户的良好关系，提高用户忠诚度和购买意愿。

在直播带货过程中，数据分析与优化同样至关重要。主播需深度剖析直播数据，来调整直播策略、优化直播内容，进而提升直播转化率和效果。通过数据分析，主播可以了解用户的观看习惯、购买偏好等信息，为精细化运营流量来源提供有力支持。借助数据分析工具，主播可以实现流量的提质增效，为在竞争激烈的直播市场中脱颖而出提供有力保障。

## 第二节　直播数据源头揭秘

直播数据的获取途径具有多元化，涵盖了用户行为、平台算法优化以及主播表现等多个维度。以下将详细阐述这些方面，以全面揭示直播数据的来源。

（1）用户行为作为直播数据的重要组成部分，为直播间的经营发展提供了宝贵的参考依据。在直播平台上，衡量直播间表现的重要指标包括用户的观看时长、互动频次、购买转化率等关键行为数据。这些数据不仅反映了用户对直播内容的兴趣和参与度，同时也为平台和主播提供了重要的内容和服务优化基础。

首先，观看时长是衡量直播内容吸引力的关键指标。用户在直播间停留的时间越长，说明直播内容越能吸引用户眼球，激发用户的兴趣和好奇心。因此，平台和主播应当致力于提升用户观看时长，通过优化直播内容吸引更多用户停留和关注，进而提升用户的观看体验。

其次，互动频率是评价直播间表现的重要维度。用户在直播间的点评、点赞、分享等互动行为，既为平台和主播传递了宝贵的反馈与建议，也体现了对直播内容的认可与喜爱。通过深度分析用户交互数据，平台和主播可以更好地了解用户的需求和喜好，从而对直播内容进行调整和优化，提升用户参与度和满意度。

最后，购买转化率是衡量直播间经营价值的重要指标。当用户被直播内容吸引并产生购买意愿时，购买转化便得以实现。这一数据直接体现了直播间的商业价值和营销效应。因此，平台和主播应通过优化直播内容、提升购物体验等方式，提高用户的购买意愿和购买转化率，实现直播间商业价值的最大化。

总之，用户行为数据为平台和主播提供了丰富的参考依据，有助于提高用户参与度和满意度，实现直播间的长期稳定发展。平台和主播应深入分析观看时长、互动频次、购买转化率等关键指标，优化直播内容和服务，以满足用户需求，提升用户体验。

（2）在直播数据的生成过程中，平台算法起到了至关重要的作用。该平台通过算法分析用户行为，将用户可能感兴趣的直播间和内容精准推荐给用户。流量的分发和直播间的曝光量直接受到算法准确性和效率的影响。因

## 第十三章 数据运营之道：直播带货背后的数字魔法

此，深入理解平台算法的原理和操作方法，对于提升直播效果具有显著意义。

（3）直播数据的重要来源无疑是主播的表现，其重要性不容忽视。主播的专业能力和个人魅力等因素不仅直接影响用户的观看体验，还在很大程度上影响用户的购买决策。在直播行业竞争日益激烈的今天，优秀主播已成为吸引受众的关键所在。

一位具备扎实专业知识的主播，能够对商品特性进行更精准的解读，为用户提供详尽且精准的选购建议。此外，专业能力极强的主播还能为用户提供前瞻性的消费指南，通过深入分析行业趋势和市场变化，让用户看清未来的消费趋势，不盲从，不踩未来消费的大坑，做出正确的消费选择。这种专业能力不仅增强了用户的信任感，还有效增强了用户的购买意愿，提升了直播间的销量。

主播在直播过程中需展现良好的沟通技巧和应变能力，对用户提出的问题和反馈都能及时作出回应，营造出轻松愉快的收视氛围。此外，主播还需具有一定的创新思维，如通过举办互动活动、发起话题讨论等方式提升直播间活跃度，吸引用户积极参与。这种互动能力的提升有助于拉近主播与用户的距离，提升用户忠诚度。

由此可见，主播的表现对直播数据影响巨大。在直播行业迅猛发展的今天，主播为了提升直播间的流量和销量，需不断提升自身专业能力和个人魅力，来吸引用户的关注，获得用户的喜爱。同时，直播平台也需加强对主播的培训和管理，以使其能够为受众提供更多优质有趣的直播内容。

直播数据来源多元化，覆盖了用户行为、平台算法、主播表现等多个方面。因此，关注用户行为、了解平台算法、提升主播表现等，就能为直播业务提供强有力的支撑。

## 第三节　直播复盘终极指南——数据驱动优化

在直播运营中，数据分析和优化扮演着举足轻重的角色，为直播复盘和持续改进提供了坚实的支撑。以下是一份基于数据驱动优化，旨在协助主播和运营者提升直播复盘效果的详尽指南。

（1）明确直播复盘的目的与意义。直播复盘并不仅仅是对过往直播的回顾与总结，其核心在于通过发现问题、优化策略，来达到提升直播效果的目的。借助数据驱动法，可以更全面地评估直播性能，找出可以优化的空间。

（2）综合收集直播相关资料。数据作为直播复盘的基础，其全面性至关重要。通过专业分析工具、第三方数据监控工具等平台，可以收集包括收视时长、互动频次、销量、流量来源等在内的关键指标数据。

（3）深入分析直播数据走势及规律。通过深度挖掘数据，能够了解用户的观看习惯与喜好，掌握流量在直播间的波动情况及销量的起伏等关键信息。同时，对不同场次和时段的直播数据进行对比，有助于发现其中的差异及原因。

（4）以数据分析为依据制定优化策略。针对发现的问题和不足，可以从调整直播时段、优化内容选题、提升主播互动能力等方面入手，制定相应的优化策略。这些策略的制定需严格遵循数据驱动的原则，以确保在实际应用中取得显著成效。

（5）执行优化策略并持续跟踪效果。制定优化策略仅是第一步，将其付诸实践并对效果进行持续跟踪更为关键。在实施过程中，需密切关注直播数据的变化，并根据反馈意见对优化策略的实际效果进行评估和调整，以实现持续改进。

总之，直播复盘是一项复杂而重要的工作，需要平台和主播们不断探索与实践。以数据为基础，以优化为目标，才能在竞争激烈的直播市场中脱颖而出，推动直播事业的蓬勃发展。

# 第十四章
# 门店主播崛起：实体店的新风口

　　随着直播带货模式的蓬勃兴起，门店主播正逐步成为实体店发展的新亮点。他们借助直播平台，将线下门店的产品与服务展现给了更广泛的消费者群体。门店主播通过直播互动，有效拉近了与消费者的距离，为实体店带来了全新的流量和销售机遇。在直播过程中，门店主播能够实时解答消费者的问题，增强消费者的购买信心。同时，直播数据为门店提供了精准的市场反馈，有助于门店进行精准营销和产品优化。门店主播的崛起，标志着实体店与线上直播深度融合新趋势的开启，为传统零售行业注入了新的活力。

## 第一节　实体门店直播红利大放送，错过等一年

"实体门店直播红利大放送，错过等一年"，这并不仅是一句空洞的营销标语，其背后蕴含着市场趋势、技术创新以及消费者需求等多方面的深刻内涵和价值。

实体店直播的崛起，深刻反映了当前零售市场的变革动态。随着互联网技术的普及和电商平台的蓬勃发展，消费者的购物习惯已经发生了显著变化，他们更倾向于在网上获取信息、比较价格并完成购买，这已成为一种不可逆转的趋势。而实体店直播作为一种创新模式，通过直播平台的广泛传播和强大的互动功能，成功实现了线上线下的无缝衔接和深度融合。在保留实体店铺陈列和亲身体验优势的同时，为消费者带来了更加便捷、直观的购物体验，为实体卖场的发展开辟了新的道路。

技术创新是实体店直播红利的重要体现。直播平台提供的弹幕、点赞、评论等丰富的互动功能，使消费者在直播过程中能够实时参与并与主播进行互动。这种高度的交互性不仅增强了消费者的参与感和归属感，也提升了直播的趣味性和吸引力。同时，直播平台还能够通过大数据分析、人工智能等技术手段，对消费者的购物行为进行精准分析，为实体店提供更加精准的市场定位和营销策略。

满足消费者多元化需求也是实体店直播的重要优势。在现代社会，消

费者的需求越来越个性化，他们不仅关注商品本身的质量和价格，更追求购物过程中的情感体验和价值。实体店直播通过现场展示、互动体验等方式，满足了消费者追求新鲜、有趣、个性化的消费需求，为他们带来了更加直观、生动的购物体验。

因此，"实体门店直播红利大放送，错过等一年"这句话不仅揭示了当前零售市场的变革趋势，也展现了实体店在技术创新和满足消费者需求方面所起到的积极作用。实体店应积极抓住这一机遇，拥抱直播这一新兴业态，以改善品牌形象、提高市场占有率、提升经营效益。同时，实体卖场的现场直播也将为消费者带来更加愉悦的购物体验，共同推动零售市场的繁荣发展。

直播作为一种新型的传播和营销方式，近年来在全球范围内迅速崛起，已成为新时代的营销风口。直播不仅能实时互动，还能让受众获得更加真实、生动的购物体验。对于实体门店来说，通过直播可以将店铺的特色、商品、活动等信息直接传达给消费者，打破时间和空间的限制，实现更广泛的覆盖和更高效的转化。

在数字化浪潮下，实体门店面临着前所未有的挑战。直播作为一种新的营销手段，为实体门店带来了新的机遇和活力。通过直播，实体门店可以吸引更多线上流量，提高品牌曝光度，增加销售渠道，进而提升整体业绩。因此，在竞争激烈的市场环境中，实体门店应抓住直播这一红利，积极布局直播业务，来吸引顾客，提升业绩抢占市场份额。

那么对于实体门店而言，如何抓住直播红利呢？实体门店需做好以下几点。

（1）选择合适的直播平台和工具，确保直播效果最大化。

（2）制定详细的直播策略和内容规划，吸引目标受众的关注。

（3）结合店铺特色和商品优势，打造独特的直播体验。

（4）积极与受众互动，提高用户黏性和转化率。

（5）持续优化直播流程和效果评估机制，实现持续改进和提升。

在营销新时代的大潮中，面对市场的风云变幻，实体门店欲提升品牌竞争力和市场地位，必须积极拥抱变革，紧抓直播业务所带来的机遇，实现线上线下的深度融合发展，此乃在激烈市场竞争中立足、取得成功的关键所在。

## 第二节 实体店直播快速启动，不做OUT店

在当前数字化浪潮汹涌的时代背景下，实体店需迫切适应并融入新营销模式的重要性得到了深刻揭示。直播作为一种新兴的营销方式，在信息化、网络化的时代背景下，正成为实体店转型升级的关键所在。面对这一趋势，传统实体店既面临着前所未有的挑战，也迎来了难得的机遇。

在实体店直播的实践中，成功案例不胜枚举，众多实体店通过直播营销实现了销量的显著增长，并成功吸引了大量新顾客。这些成功案例充分证明了实体店直播的可行性和有效性。

然而，直播实体店也面临着一些挑战。如何确保直播内容的真实可信、如何避免直播过程中出现技术故障和突发状况、如何有效整合线上线下资源等问题，都是实体门店需要认真关注和解决的问题。为了不断提升实体

店的直播效果和质量，商家需要不断探索创新，积累经验教训。

在数字化时代，实体店转型升级的必然选择之一是快速启动直播营销，以避免被市场淘汰。通过直播营销，实体店可以打破传统营销模式的局限，提升消费者购物体验，促进线上线下融合，实现销量和品牌的双重提升。尽管实体店直播面临一些挑战，但只要商家准备充分、计划周密、不断创新，就一定能够取得成功。具体来说，实体店开直播的优势见表14-1所示。

表14-1 实体店开直播的优势

| 项　目 | 内　容 |
| --- | --- |
| 增加品牌曝光度 | 通过直播，实体店可以将自己的品牌和产品直接展示给更多的潜在客户。直播平台通常具有较大的用户基数，这意味着实体店有机会接触到更多潜在顾客，为提高实体店商品知名度和影响力打下基础 |
| 提升客户互动与黏性 | 直播形式具有实时互动的特点，顾客可以在直播过程中提问、评论或分享，这种即时反馈机制有助于增强顾客与店铺之间的互动和黏性。同时，店铺也可以通过直播回答顾客疑问，提升顾客满意度和忠诚度 |
| 展示产品细节与特色 | 实体店直播可以全方位、多角度地展示产品，包括产品的外观、功能、使用方法等。通过直播镜头，顾客可以更加直观地了解产品细节，从而做出更明智的购买决策 |
| 营造购物氛围与信任感 | 实体店直播可以将店铺的环境、氛围以及员工的服务态度等展示给顾客，营造出一种真实的购物场景。这种真实感有助于增强顾客对店铺的信任感，提高购买转化率 |
| 促进线上线下融合 | 实体店开直播有助于实现线上线下的融合，将线上流量转化为线下客流。顾客在观看直播后，可以直接前往实体店进行体验或购买，这种无缝衔接的购物体验有助于提升顾客的购物满意度 |
| 降低营销成本 | 相较于传统的广告宣传方式，直播营销的成本较低。实体店可以通过直播平台进行免费或低成本的宣传推广，从而降低营销成本，提高营销效果 |

张连芬实体店从线下到线上的直播转型，就是一个值得深入剖析的成

功典型案例。面对市场逐步向线上转移的趋势，张连芬的线下传统实体店面临客源减少的困境。为应对这一挑战，她果断决策，向线上转型，尝试直播电商这一新兴的销售模式。

在踏入直播这一全新领域时，张连芬既充满期待又谨慎行事。她系统学习了直播销售的相关知识，积极克服面对镜头的紧张和技术难题。凭借对产品的深刻理解和热情，她详细地介绍每一款产品的种植和加工过程以及背后的故事，使直播内容既丰富又有趣。

通过直播，张连芬成功吸引了诸多受众，显著提升了产品的可信度和吸引力，大家纷纷下单购买。同时，张连芬还积极与受众互动，解答疑惑，进一步增强了受众的购买信心。

随着直播次数的增多和直播技术的提高，张连芬的线上销售额持续增长，成功实现了从线下到线上的转型。这一成功案例不仅展现了线下实体店通过电商直播实现转型的巨大潜力，也为其他商家提供了宝贵的经验和启示，具有极大的借鉴意义。

## 第三节　实体店直播心态大揭秘，让你从容不迫

实体店转型直播业务，心态的调整至关重要，只有从容不迫，才能顺利应对变革。以下是实体店转型直播时应抱有的心态。

1. 积极拥抱变革的心态

实体店应主动迎接变革，而非在数字化转型的浪潮中抗拒或回避。作

为一种全新的营销方式，实体店应认识到直播为实体店带来的新机遇和发展空间，保持开放心态，积极学习，勇于探索，提升直播营销能力。

2. 保持自信的心态

实体店在直播过程中，主播面对镜头会紧张和可能出现表达不畅，要暗示自己保持自信心态。通过自信向消费者传递积极、正面的信息，坚信自身的专业能力、产品优势和品牌价值。同时，镜头前的表现力和自信心可通过持续练习和学习得到提升。

3. 学习与适应的心态

直播作为一个全新的领域，实体店对其应保持学习与适应的心态。不断学习直播技巧，调整直播内容，紧跟市场动态和消费需求。同时，灵活应变，以适应直播的即时互动性和快节奏的特点。通过不断学习和适应，实体店可以更好地利用直播平台提升品牌影响力。

4. 合作共赢的心态

在直播过程中，实体店需与平台、供应商、消费者等多方协作。因此，保持共赢心态至关重要。实体店需与各方建立良好合作关系，共同推进直播业务的发展。同时，不断优化产品和服务，实现消费者与商家的共赢，并重视消费者的需求和反馈。

5. 耐心与坚持的心态

实体店直播成功非一日之功，需耐心与坚持。实体店直播初期可能面临受众数量少、转化率不高等问题，此时应保持耐心和坚定的信念，持续投入精力和资源推动直播事业的发展。通过不断优化直播内容和策略，积累经验和口碑，最终实现直播业务的突破和成功。

综上所述，实体店在转型直播业务时，需保持积极、自信、学习、合作、耐心的心态，以从容应对数字化的到来和直播业务的挑战，顺利实现转型发展。

## 第四节　零基础店员主播孵化计划，让你成为合格主播

在当前充满活力的现代社会，通过精心规划，每个人都有望成为合格主播，特别是对于初涉直播领域的新人主播而言，这无疑给其提供了一个绝佳的逆袭舞台，助力其迅速崭露头角。具体而言，实现这一目标离不开以下几个关键方面。

1. 孵化计划的背景与必要性

随着网络技术的普及和直播行业的蓬勃发展，越来越多的用户开始关注并参与直播活动。对于实体店而言，直播业务的转型不仅能够在线上吸引更多流量，还能有效提升品牌知名度和销量。然而，由于许多店员缺乏直播经验和技巧，难以进行有效的直播活动。因此，零基础店员主播孵化计划应运而生，旨在帮助这些店员迅速掌握直播技能，成为合格主播。

2. 孵化计划的目标与定位

零基础店员孵化计划旨在培养店员主播的专业素养和直播技能，使其能够独立完成直播任务，同时提升品牌影响力和销量。在定位上，该计划主要通过系统的培训和实践，帮助零基础或直播经验不足的店员迅速成长为一名合格的主播。

3.孵化计划的内容与安排

孵化计划的内容主要包括直播技能培训、内容策划与创作知识以及推广知识等。通过这些培训，能够提升店员主播的专业能力和综合素质，为其在直播领域的发展奠定坚实的基础。孵化计划的具体日程安排见表14-2所示。

表14-2 孵化计划具体日程安排

| 项 目 | 内 容 | |
| --- | --- | --- |
| 直播技能培训 | 包括话术训练、镜头表现力培养、互动技巧等方面的内容，帮助店员掌握基本的直播技能 | |
| 内容策划与创作 | 教授店员如何结合店铺特色和产品优势，策划和创作具有吸引力的直播内容，提高受众的参与度和黏性 | |
| 营销推广 | 教授店员如何利用社交媒体和直播平台进行营销推广，扩大品牌知名度和影响力 | 第一阶段为基础知识学习；第二阶段为模拟直播实践；第三阶段为真实直播操作 |

4.孵化计划的实施与效果评估

在实施孵化计划时，门店可选择自主组织或委托专业培训机构进行操作。整个执行过程应着重于理论与实践的结合，确保店员能在实践中学习、成长。同时，我们将定期评估店员的现场表现并提供反馈，以助其不断提升和完善。

在效果考核方面，我们将通过审查店员现场录像、收集受众反馈以及对比销售额来进行评估，所得考核结果将成为调整培训方案和优化直播策略的重要依据。

5.孵化计划的未来展望

随着直播行业的蓬勃发展以及消费者购物习惯的不断演变，零基础店员主播孵化计划的重要性日益凸显。展望未来，我们计划根据不同店铺的需求，进一步个性化、精细化该计划。同时，在技术不断进步和创新的背景下，我们也将积极引入更多科技元素和创新手段，以提升培训效果和用户体验。

我们坚信，任何人都有可能通过系统的训练和练习成为一名合格的主播，并借此机会一举成名。对于实体店而言，这样的孵化计划不仅能增强店员的直播技能和职业素养，更能显著带动店铺的流量和销量增长。因此，该孵化方案值得我们高度关注和积极推广。

## 第五节　门店主播必修课：注意事项一网打尽

作为店铺经营者，不应过度依赖仅具颜值的职业主播。事实上，高颜值虽能吸引人，但与那些平凡却极尽努力的主播相比，其效果未必更佳，因为高颜值主播有时可能因自我满足而有所懈怠，而客户更看重的，往往是主播的诚意，这种诚意能够深入人心。

再者，那些依赖颜值的主播流动性较大，今天可能在此，明日或已转投他处。对于店铺而言，需要的是稳定、可靠、勤奋且服从管理的主播。只要他们愿意付出努力，无论是直播话术、流程还是拿货能力，都能得到显著提升。

直播间人数少，但也无须气馁，因为主播的销售转化能力至关重要。有些直播间虽观者如山，但销售成绩却寥寥；而有些直播间人数虽不算多，但销售业绩却高涨。可见，直播间的人气并非决定销量的唯一因素，主播的销售转化能力才是关键。

此外，对于粉丝的经营亦不可忽视。高忠诚度的粉丝是直播带货的核心力量。在竞争日益激烈的市场环境下，新客户的获取成本不断增加，而老客户的流失则更为可惜。因此，店铺需将粉丝运营置于重要位置，通过提升粉丝的忠诚度来提高直播间的转化率和知名度，从而助力店铺在直播平台上取得更长远的发展。

同时，切勿将线上与线下割裂。在新零售时代，线上与线下融合已成为趋势。直播带货应与线下门店紧密合作，利用直播间的流量带动线下门店客源，同时线下门店的活跃度也能反哺直播间，形成良性循环。线下门店通过直播流量吸引更多顾客，进一步促进店铺的整体发展。

实体店直播活动以线上线下结合的模式，在提升品牌知名度和销售业绩的同时，也积累了宝贵的后续运营经验，取得了显著成效。展望未来，实体店将深化线上线下融合，持续优化直播内容，提升直播品质。随着电子商务和直播经济的迅猛发展，店铺主播作为实体店与线上消费者沟通的关键纽带，其角色越发重要。为确保直播的顺利进行和受众满意度，店铺主播需掌握一系列必需的注意事项。

（1）深入了解所售商品的特性、功能及使用方法，确保直播中为消费者提供准确信息，解答受众疑问。

（2）注重自身形象的塑造，包括穿着打扮、化妆发型等，以展现专业、干净、自信的形象，增强受众信任感。

（3）确保直播环境干净、明亮、安静，同时保障网络通畅，以提升受众观看直播的体验。

（4）积极与受众互动，有问必答、有求必应，提高受众参与度，稳固受众基础。

（5）避免涉及敏感话题或违规内容，严格遵守相关法律法规，同时尊重和保护消费者的个人隐私。

（6）面对直播中可能出现的挑战和困难，保持积极向上的心态，善于解决问题，以最佳状态呈现给受众，赢得受众的喜爱和支持。

综上所述，店铺主播的必修注意事项涵盖产品知识、形象塑造、直播环境、受众互动、法律法规及直播质量等多个方面。只有全面掌握这些注意事项，店铺主播才能以最佳状态投入直播，为店铺吸引更多流量，提升店铺销售业绩。

# 结　语

直播带货虽然进入了行业的稳定期阶段，且看起来像从顶峰开始"下滑"，但这并不意味着它会消失或被其他形式替代。相反，这是行业自我净化和升级的一个关键阶段。

首先，我们知道，一些头部主播因为种种原因出现了"翻车"现象，这为整个行业敲响了警钟，使得许多主播开始更加注重自己的言行举止，更加专注于产品质量和服务，以此来赢得消费者的信任和喜爱。这种变化对于整个行业的健康发展非常有利。

其次，直播带货行业在经历了一段时间的野蛮生长后，也需要一个"冷静期"来进行自我调整。在这个阶段，那些真正有实力、能创新、素质高的主播和团队将会脱颖而出，而那些仅仅依靠炒作和流量来生存的主播和团队则会被淘汰。这种优胜劣汰的过程也是行业发展的必然规律。

此外，直播带货行业还在不断探索新的模式和玩法。比如，一些主播开始尝试与品牌商深度合作，共同推出定制化的产品和服务；一些平台也开始引入更多的技术和工具，提升直播的观看体验和互动性。这些新的尝试和创新，都为直播带货行业注入了新的活力。

综上所述，直播带货行业目前正在经历的一个调整的过程，其实是一个大浪淘沙的过程。所以，如今直播带货行业看似不复从前的辉煌，但整个行业依然具有无限的动力和潜力。只要我们能够保持清醒的头脑、坚定的信念和不断的创新，相信直播带货行业一定能够迎来更加美好的明天。